河野辺 貴則
Kawanobe Takanori

人権教育と
道徳科の
接合点

人権課題を題材にした
道徳授業の展開

大学教育出版

人権教育と道徳科の接合点
― 人権課題を題材にした道徳授業の展開 ―

目　次

人権教育と道徳科の接合点
― 人権課題を題材にした道徳授業の展開 ―

序　章

なぜ人権教育と道徳科の接合点を探究するのか

第1節　問 題 意 識

　広大な敷地に張り巡らされた二重の有刺鉄線、敷地内に設置されている無数の監視塔、人間を運搬するために使われた貨物列車、そして、すべてを灰にするための焼却炉。筆者は、ポーランド南部の都市である Oświęcim（オシフィエンチム）に建設されたアウシュビッツ第一強制収容所とアウシュビッツ第二強制収容所（ビルケナウ）の痕跡を訪れた際に、人間の尊厳を踏みにじる選択をした場合のおぞましさを肌で感じた。人間の尊厳を踏みにじった残虐な行為は世界中の良識を備えた人々から非難され、1948 年の国連総会において世界人権宣言が採択された。その後、人権保障の実現に向けて国際的な努力が重ねられ、人権に関する様々な条約が世界的規模で締結することにつながり、21 世紀は「人権の世紀」といわれている。

　一方、人間の行動の選択には、その人が培ってきた資質・能力が大きな影響を与える。人権に関する法令や条例、規約が制定され、外的な環境が整備されようとも、それらの理念を実現していくためには、一人一人の行動が基盤になっていることを忘れてはならない。

　「人権の世紀」と呼ばれる現代において、他国の人々と相互理解や平和的共存的に生きていくためには、人間としての尊厳を尊重しあい差異を肯定的に認め合う人間の育成に向けて、人権を基軸とした道徳教育の在り方が問われている[1]。また、様々な人権問題に共通に必要とされる道徳性は道徳教育において

育まれるものであり、道徳教育は人権意識の基礎を支えているという論考もある[2]。なお、人権教育における道徳の時間（道徳科）の目標として「差別や偏見に気付かせ、人間尊重の精神を育てる」[3]ことが明示されており、初等中等教育において人権教育と道徳教育は密接な関係性を保っている。一方で、人権教育と道徳教育は密接に関連しているがゆえにその関係性が曖昧なものとなり、双方を整合性のあるものとして捉えられていない状況が危惧されてきた（平沢，2010）[4]。

　こうした中、道徳教育の改革・充実を図るため、「道徳の時間」が「特別の教科 道徳」（以下、「道徳科」と表記）として、新たに位置付けられるという歴史的な転換期を迎えた。道徳科の新設は、「考え、議論する道徳」の実現に向けて質的転換を目指しつつ、いじめ問題に対応できる資質・能力の育成に向けた教育活動としての役割を担っている。そして、「いじめ問題」への防止や解消の取組みだけでなく、グローバル化による価値観の相対化を見据えながら諸課題に適切に対応できる力を育成することも指摘されている（渡邉，2017）[5]。

　なお、『小学校学習指導要領解説　特別の教科 道徳編』（文部科学省，2018）[6]には、情報モラルに関する指導や、国際理解等の現代的な課題を身近な問題と結び付けて取り扱うことが明示されており、多様な見方や考え方があることを理解させ、答えが定まっていない問題を多面的・多角的に考え続ける姿勢を育てることが強調されている。道徳科は、地域、家庭、学校あるいは学級の課題や一人一人の子どもたちの状況を考慮しつつ、「現代的な課題」に関する教材を活用しながら、異質の他者と協働しながら展開していく授業実践が求められており、人権尊重の理念と重なる部分がある。

　一方、貝塚（2020）が「人間形成における道徳教育と人権教育との関連性は明確である。しかし、両者が相対立するかのように捉えられてきた歴史的な背景の中で、教育課程における両者の理念的、方法論的な研究は十分に進んでいない」[7]と述べているように、道徳科が新設されたものの人権教育と連動していくことは容易ではなく、双方の連動に向けた研究は蓄積の段階にある。すなわち、人権教育と道徳科の連動は、初等中等教育の実践的研究課題として残されたままだといえよう。

　「人権」と「道徳」は、法学や倫理学、教育哲学等、様々な専門分野と関連性を保っており、双方の関係性を論じる際には、多様な切り口がある。筆者は人類が人間の尊厳を尊重していくためには、「教育」がその根底を支える役割を果たすことに欠かせない営みであると捉えている。そのため、本書では人権教育と道徳科の連動に向けた接合点を教育実践学の観点から検討していく。人権教育と道徳教育が相対立するかのように捉えられてきた中で、本書では人権教育と道徳科の関係性について建設的な議論を展開できるように心がけ、学校教育の実践の場を支援する知見を実践的な観点から提示することを目指す。

第2節　人権教育と道徳教育の関係性についての論考

（1）　人権教育と道徳教育に関する論考

　人権教育と道徳教育の関連性については、道徳科が新設される以前から人権教育や道徳教育を専門とする研究者によって検討されてきた。先行研究を大きな枠組みで分類すると「相補的な関連性に関する考察」と、「統合的な関連性に関する考察」に大別できる[8]。

　「相補的な関連性に関する考察」については、人権教育と道徳教育の特質や独自性をふまえた上で、双方の既存の特質を生かし、相互補完的に両者の関係性を捉えながら実践に結び付けていく重要性を考察している。一方、「統合的な関連性についての考察」については、グローバル化する社会という視点をふまえて、国際的な観点を取り入れる重要性や人権を基軸に道徳教育を捉える重要性について考察している。道徳科の新設以前の先行研究の考察は二分されており、人権教育と道徳教育の関係性については論者によってその認識は異なっている。

　先行研究が二分される中、2015年3月学習指導要領一部改正を契機に、多様な価値観が存在することを前提として、道徳的な問題を他者と対話し、協働しながら自己のよりよい生き方について考えを深めていく、「考え、議論する道徳」への転換を図るために道徳科が新設された。新設された道徳科では、「現代的な課題」（例えば、情報モラル、生命倫理、障害者教育など）を積極的

に取り上げて、児童・生徒が諸課題に対して多面的・多角的に考え、諸課題に対して問題解決していく資質・能力を養うことが重要であることが強調されている（柳沼・梅澤・山田，2018）[9]。

　また、上述したように、道徳の教科化は、「いじめ問題」への防止や解消の取組みだけでなく、グローバル化による価値観の相対化を見据えながら諸課題に適切に対応できる力を育成する役割が期待されていると共に、「現代的な課題」に関する教材を活用しながら、地域、家庭、学校あるいは学級の課題や一人一人の児童生徒の状況を考慮しつつ、他者と協働しながら答えが定まっていない問題を多面的・多角的に考え続ける姿勢を育てることが強調されている[10]。

（2）　人権教育と道徳授業の接合点

　道徳科の内容で扱う道徳的諸価値が、現代社会の様々な課題と関わっている中、地方公共団体は地域の実情に合わせた個別的な人権課題[11]を題材とした道徳教材ならびに指導例示を開発している[12]。なお全国の市区町村立の小・中学校並びに都道府県立の高等学校および特別支援学校では、人権教育の指導内容を検討する際に、地方公共団体によって作成された人権教育指導資料を活用している学校数が66.3%（N＝1,872）と最も高い割合であることが報告[13]されており、人権教育指導資料は教員研修との親和性を保つ道徳教材であることが読み取れる。

　こうした中、人権課題を取り上げた道徳教材を道徳的価値や道徳性、道徳的実践力の部分でつないでいくことで、児童生徒が個別の人権課題を自らの生き方とつなげることへのアプローチになり得ることが指摘[14]されており、人権課題を題材とした道徳授業は人権教育と連動していく側面を備えていることがわかる。なお、道徳科の新設後に実施された「道徳教育実施状況調査」[15]によれば、地方公共団体が作成した資料は、道徳科の小学校用・中学校用の検定教科書（以下、「道徳科教科書」と表記）に次いで道徳教育の充実に向けて参考とされている資料であることが報告されている。上記のことから、人権教育指導資料は初等中等教育において、人権教育と道徳授業の連動を推進していく

上で広く活用されている道徳教材であると共に、個別的な人権課題と関連性が
ある道徳授業は人権教育と連動していくための接合点として初等中等教育の実
践の場において広く認知されているといえよう。

　一方、人権教育と道徳教育の関係性を捉えていく際には、道徳授業の内容
として4つの視点を基にした「内容項目」が接合点としての役割を果たす可能
性が模索されてきた（平沢，2013）[16]。そこで、新設された道徳科の内容項目
に着目してみると、内容項目のまとまりは4つの視点として「A　主として自
分自身に関すること」、「B　主として人との関わりに関すること」、「C　主とし
て集団や社会との関わりに関すること」、「D　主として生命や自然、崇高なも
のとの関わりに関すること」に分類されていることが確認できる。そして、4
つの視点ごとに児童生徒の発達的特質に応じて内容項目が設定されている。

　具体的には、小学校第1学年および第2学年では内容項目として19項目
（「善悪の判断，自律，自由と責任」、「正直，誠実」、「自由と責任」、「節度，節
制」、「個性の伸長」、「希望と勇気，努力と強い意志」、「親切，思いやり」、「感
謝」、「礼儀」、「友情，信頼」、「規則の尊重」、「公正，公平，社会正義」、「家族
愛，家庭生活の充実」、「よりよい学校生活，集団生活の充実」、「伝統と文化の
尊重，国や郷土を愛する態度」、「国際理解，国際親善」、「生命の尊さ」、「自然
愛護」、「感動，畏敬の念」）にまとめられている。

　また、小学校第3学年および第4学年では、20項目（上記の19項目に「相
互理解，寛容」を追加）、小学校第5学年および第6学年では22項目（上記
の19項目に「相互理解，寛容」、「真理の探究」、「よりよく生きる喜び」が
追加）が確認できる。そして、中学校では22項目（「自主，自律，自由と
責任」、「節度，節制」、「向上心，個性の伸長」、「希望と勇気，克己と強い意
志」、「真理の探究，創造」、「思いやり，感謝」、「礼儀」、「友情，信頼」、「相互
理解，寛容」、「遵法精神，公徳心」、「公正，公平，社会正義」、「社会参画，公
共の精神」、「勤労」、「家族愛，家庭生活の充実」、「よりよい学校生活，集団生
活の充実」、「郷土の伝統と文化の尊重，郷土を愛する態度」、「我が国の伝統と
文化の尊重，国を愛する態度」、「国際理解，国際貢献」、「生命の尊さ」、「自然
愛護」、「感動，畏敬の念」、「よりよく生きる喜び」）にまとめられている。

　なお、内容項目は、道徳科の年間指導計画や各学校における重点的指導を工夫するための観点（文部科学省，2018）[17] として強調されていると共に、道徳科の新設後に人権教育と道徳科の関係性を説明する際の具体的な例 [18] として取り上げられていることもある。すなわち、内容項目は人権教育との連動を図っていくための一つの手立てになり得る特徴を備えており、人権教育との連動を図る上での接合点としての役割を担っていることが推察できる。

第3節　人権教育と道徳科

（1）　人権教育に関する国際的な動向

　人類は20世紀に、2度にわたる世界大戦の果てに非戦闘員を含めて数千万人の命が失われるという悲惨な体験をした。このような、いたましい過去を礎にして、1948年12月10日の国連総会において採択された「世界人権宣言」は、平和を願う人類の願いや意志が結実したものである。世界人権宣言は、「すべての人間は生まれながらにして自由であり、かつ、尊厳及び権利について平等であること並びにすべての人がいかなる差別も受けることなく、同宣言に掲げるすべての権利と自由を享有することができること」が明示されているとともに、第26条2項に「教育は、人格の完全な発展並びに人権及び基本的自由の尊重の強化を目的としなければならない」と明示しており、教育が人格の形成や人権の尊重に大きな役割を担っていることを示している [19]。

　その後、1965年に「あらゆる形態の人種差別の撤廃に関する国際条約」[20] が締結された。本条約は、あらゆる形態の人種差別の撤廃に関する国際連合宣言に具現化された原則を実現すること、およびこのための実際的な措置を最も早い時期にとることを確保することを各締約国が義務に従って行動するよう確保することを合意したものである。そして、1979年に「女子に対するあらゆる形態の差別の撤廃に関する条約」[21] の締結、1989年には「児童の権利に関する条約」[22] が締結されることにより、平和を願う人類の意志が条約という形で人類の約束ごととして明文化されていく。なお、1994年には、世界で人権文化を構築することを目的とする「人権教育のための国連10年（1995〜

2004)」[23] が採択され、「日常生活に関連付けた方法」や、「（抽象的規範の表現ではなく）自らの社会的、経済的、文化的及び、政治的な状況という現実の問題として捉えるための方法及び手段についての対話に、学習する者を参加させる」ことが示された[24]。

　こうした中、人権教育の理論や事例は、Graham・Pike & David・Selby などの海外の理論や事例が国内に紹介[25] されるとともに、Council of Europe による研究成果が国内に紹介されてきた[26]。こうした研究成果は、国際的に人権文化を構築することを目的とする「人権教育のための国連 10 年国連行動計画」（1995 〜 2004)[27] や、「人権教育のための世界計画」（第 1 フェーズ〜第 4 フェーズ)[28] に反映されており、人権教育では「日常生活に関連付けた方法」や、「（抽象的規範の表現ではなく）自らの社会的、経済的、文化的及び、政治的な状況という現実の問題として捉えるための方法及び手段についての対話に、学習する者を参加させる」ことによって、人権文化を構築することを推奨している。

　すなわち、初等中等教育において人権尊重の理念を育むことの重要性は、国際社会と共に歩みを進めており、人権の指導及び学習を、生徒の日常生活および関心に関連させることや、活発な参加、協力的な学習ならびに連帯感、創造力、および自尊心を促すことが国際社会の中で推進されてきた。グローバル化が進展する国際社会において、人権教育の推進は長年にわたって議論され続け、国際的に合意されてきた教育活動だといえよう。

（2）　歴史的な転換期を迎えた道徳科

　1958 年に「道徳」が特設されてから、60 年を経て小学校では 2018 年度に「道徳科」が新設されると共に、中学校においては 2019 年度から道徳科が新設された。文部科学省は、今後の道徳教育の在り方について議論されてきた内容を「今後の道徳教育の改善・充実方策について（報告）」として以下のように説明している。

　「昨今大きな社会問題となっているいじめの防止の観点からも、人間の在り方に関する根源的な理解を深めながら、社会性や規範意識、善悪を判断する

力、思いやりや弱者へのいたわりなどの豊かな心を育むことが求められている。さらに、グローバル社会の一員として国際貢献を果たす上でも、また、科学技術が一層急速に進展する中で、今後の社会の各分野で求められるいかなる専門能力の育成に当たっても、その前提として、人間として踏まえるべき倫理観や道徳性が一層重要になると考えられる。今後の社会において、道徳教育に期待される役割はきわめて大きく、道徳教育は人間教育の普遍的で中核的な構成要素であると同時に、その充実は、我が国の教育の現状を改善し、今後の時代を生き抜く力を一人一人に育成する上での緊急課題である」[29]。同報告書は、道徳教育は国際社会の中で生きる人間にとって、今後の社会を形成していく上での中核的な役割を担っていることを強調しつつ、抜本的な改善・充実の必要性に言及した。

　そして、同年に中央教育審議会道徳教育専門部会の答申を経て、学校教育法施行規則の改正や学習指導要領の改訂をはじめとする制度改正や必要な条件整備がされ、2015 年に道徳の「特別の教科」化として一部改正される。その後、学習指導要領とその解説書の改訂に至り、度重なる検討によって道徳科の新設という歴史的転換期を迎えることになる。こうして、道徳教育は、人間教育の普遍的な側面を担っていることを踏まえつつ、教育課程における位置付けなどが吟味され、抜本的な改善・充実を図るために道徳科が新設され、検定制度と無償給与制度を柱とした使用義務が生じる道徳科教科書は、全国の学校教育の実践の場に道徳授業の主たる教材として普及することになる。

　なお、教科化される前の「道徳の時間」の教材としては、『小学校道徳の指導資料』[30] や、児童生徒が日常生活の生活経験をもとに道徳的問題と取り組むための補助教材である『心のノート』[31]、そして、「私たちの道徳」[32] が文部科学省（文部省）によって開発され、全国的に普及していた。さらに、地方自治体や民間の教材会社によって道徳副読本等が道徳教材として開発され、道徳授業実践の場で使用されてきた[33]。その後、道徳科の新設後に実施された「道徳教育実施状況調査」[34] によれば、道徳科教科書は道徳教育の充実に向けて学校教育の実践の場で最も参考とされていることが報告されている。すなわち、検定制度と無償給与制度を柱とした道徳科教科書が主たる教材として明確に位

置付けられたことは、道徳授業の推進に向けて重要な転換点だといえる。

　「人権の世紀」といわれる現代社会の中で、道徳教育が道徳科の新設という転換期を迎えていることを踏まえれば、道徳科教科書には人間教育の普遍的で中核的な側面の構成要素の役割を果たす教材としての側面が反映されていることが推察される。すなわち、道徳科の授業実践は長期的に議論され国際的に合意されてきた人権教育との連動を図りつつ、今後の時代を生き抜く力を一人ひとりに育成する要素が埋め込まれていると捉えられよう。

（3）　人権教育における実践的研究課題

　国内においては、「人権教育及び人権啓発の推進に関する法律」（2000 年 12 月 6 日法律第 147 号）[35] が策定された後、文部科学省は、「人権教育の指導方法等に関する調査研究会議」を中心に国内の人権教育の推進に向けて「人権教育の指導方法等の在り方について［第三次とりまとめ］指導の在り方編」[36]（以下、「第三次とりまとめ」と表記）を公表した。

　上記の公的文書は、人権教育における道徳の時間（道徳科）の目標として「差別や偏見に気付かせ、人間尊重の精神を育てる」[37] ことが明示しており、初等中等教育において人権教育と道徳授業の連動を図ることを推進していくことを促していることが確認できる。なお、同文書は、人権教育の目的を達成するために人権に関する知的理解と人権感覚を基盤として、自分と他者との人権擁護を実践しようとする意識、意欲や態度の向上や実践的な行動力の育成を目指すための教科横断的な資質・能力として「人権教育を通じて育てたい資質・能力」（文部科学省，2008）[38] を 3 つの側面（①知識的側面、②価値的・態度的側面及び、③技能的側面）を明示している（図序 -1）。

　また、「人権教育のための世界計画第 4 フェーズ（2020-2024）行動計画」では、持続可能な開発のための 2030 アジェンダ、特に持続可能な開発目標（SDGs）のターゲット 4.7 と足並みを揃えることを強調しつつ、「教育及び学習のプロセスとツール」の構成要素として「知識」「スキル」「姿勢」の領域を位置付けている。つまり、児童生徒の資質・能力の育成に向けて教育活動を横断的に推進していく点は、国際的な動向と重なり合う部分がある。なお、

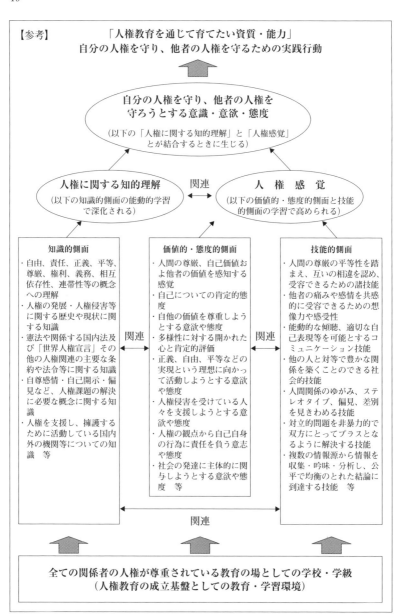

【参考】 「人権教育を通じて育てたい資質・能力」
自分の人権を守り、他者の人権を守るための実践行動

自分の人権を守り、他者の人権を
守ろうとする意識・意欲・態度

（以下の「人権に関する知的理解」と「人権感覚」
とが結合するときに生じる）

人権に関する知的理解　　関連　　人　権　感　覚

（以下の知識的側面の能動的学習
で深化される）

（以下の価値的・態度的側面と技能
的側面の学習で高められる）

知識的側面	価値的・態度的側面	技能的側面
・自由、責任、正義、平等、尊厳、権利、義務、相互依存性、連帯性等の概念への理解 ・人権の発展・人権侵害等に関する歴史や現状に関する知識 ・憲法や関係する国内法及び「世界人権宣言」その他の人権関連の主要な条約や法令等に関する知識 ・自尊感情・自己開示・偏見など、人権課題の解決に必要な概念に関する知識 ・人権を支援し、擁護するために活動している国内外の機関等についての知識　等	・人間の尊厳、自己価値およ他者の価値を感知する感覚 ・自己についての肯定的態度 ・自他の価値を尊重しようとする意欲や態度 ・多様性に対する開かれた心と肯定的評価 ・正義、自由、平等などの実現という理想に向かって活動しようとする意欲や態度 ・人権侵害を受けている人々を支援しようとする意欲や態度 ・人権の観点から自己自身の行為に責任を負う意志や態度 ・社会の発達に主体的に関与しようとする意欲や態度　等	・人間の尊厳の平等性を踏まえ、互いの相違を認め、受容できるための諸技能 ・他者の痛みや感情を共感的に受容できるための想像力や感受性 ・能動的な傾聴、適切な自己表現等を可能とするコミュニケーション技能 ・他の人と対等で豊かな関係を築くことのできる社会的技能 ・人間関係のゆがみ、ステレオタイプ、偏見、差別を見きわめる技能 ・対立的問題を非暴力的で双方にとってプラスとなるように解決する技能 ・複数の情報源から情報を収集・吟味・分析し、公平で均衡のとれた結論に到達する技能　等

関連　　　関連

関連

全ての関係者の人権が尊重されている教育の場としての学校・学級
（人権教育の成立基盤としての教育・学習環境）

図序－1　「人権教育を通じて育てたい資質・能力（参考資料）」
（文部科学省，2008）

2012 年度に全国の教育委員会および学校を対象とする「人権教育の推進に関する取組状況の調査」[39] によれば、半数以上の学校が道徳の授業実践を人権教育として取り組んでいる傾向にあり、道徳授業が「人権教育を通じて育てたい資質・能力」の育成の推進に向けて取り組んでいるという報告もある。

　一方、上述したように学校教育の実践の場においては、人権教育と道徳教育の境界線が見えなかったりするために、双方を整合性のあるものとして捉えられていない状況があり、道徳科の新設後にも課題として残されたままである。人権教育が「人権教育を通じて育てたい資質・能力」として、価値的・態度的側面を設定していることからも、内面的資質の育成に向けたアプローチしてきた道徳授業は今後の人権教育を推進していく上でも重要な役割が期待される[40]。すなわち、人権教育と道徳科を連動させた道徳授業が、学習者に対して「人権教育を通じて育てたい資質・能力」の育成に寄与しているのかを実践的な観点から検討していくことは、人権教育と道徳科の連動を図る上での実践的な研究課題だといえる。

　以上のことを踏まえれば、人権教育と道徳科が連動している様相を「人権教育を通じて育てたい資質・能力」という実践的な観点から検討し、人権教育と道徳科の接合点を検討していくことによって、人権教育と道徳科の連動を推進していく上での新たな知見を供給することが期待できる。道徳科が新設されて小中学校の教員が道徳科を実践する機運が高まる中、本書は、教育実践学の観点から人権教育と道徳科の接合点を探求し、双方の連動に向けた道徳教材の基礎的な知見と資料を提示することを試みる。

第 4 節　本書の内容構成

　本書は、人権教育と道徳科の連動に向けた道徳教材の現状に着目し、双方の接合点を探求していくために、次のような内容構成で考察を展開する。

　第 1 章では、道徳科の新設に伴って刊行された小学校・中学校の道徳科教科書を対象とし、個別の人権課題（①女性、②子供[41]、③高齢者、④障害者、⑤同和問題、⑥アイヌの人々、⑦外国人、⑧ HIV 感染者・ハンセン病患者

等、⑨刑を終えて出所した人、⑩犯罪被害者等、⑪インターネットによる人権侵害、⑫北朝鮮当局による拉致問題等（以下、「拉致問題」と記す）、⑬その他と関連している読み物教材の傾向や特色を検討する。

　本章では、道徳科教科書の教師用指導書による記述内容（「主題名」「内容項目」「ねらい」「現代的な課題との関連や他教科・領域との関わり、テーマや重点事項等」）に着目し、人権課題と関連性がある読み物教材を抽出・整理することを試みる。また、学校教育の実践の場で人権課題と関連性がある読み物教材を選択する際の一助になることを心がけ、出版社（東京書籍、学校図書、教育出版、光村図書出版（以下、「光村図書」と表記）、日本文教出版、学研、廣済堂あかつき、光文書院、日本教科書）ごとに整理する。

　第2章では、地方公共団体から刊行されている人権教育指導資料に掲載されている人権課題と関連性がある教材の傾向や特色を検討する。人権教育指導資料は道徳科の新設以前から、人権教育と道徳授業の連動に向けた道徳教材開発を進めてきた。そこで、人権教育指導資料が道徳科の新設以前から開発してきた道徳教材ならびに指導例示に着目し、人権教育と道徳授業の接合点や道徳科教科書との関係性を模索していく。

　第3章では、道徳科教科書と人権教育指導資料に掲載されている人権課題と関連性がある道徳教材に設定されている内容項目の傾向と特色を検討する。また、人権教育と道徳科の接合点を国際的な観点から吟味すると共に、人権教育と道徳科の連動を図るための実践的な観点を検討していく。

　第4章では、人権課題を題材とした道徳教材ならびに指導例示に焦点をあてて、授業記録を基に人権教育と道徳授業の接合点について検討する。また、双方が連動することがもたらす学習成果についても帰納的な観点から検討していく。

　第5章では、道徳科教科書に掲載されている人権課題と関連性がある読み物教材を活用した道徳授業の授業記録に着目し、道徳科の新設が人権教育との連動を図ることに寄与したのかについて実践的な観点から検討していく。

　第6章では、これまでに検討してきた結果を踏まえて、人権教育と道徳科の接合点や双方の関係性や今後の課題について総括する。

　本書では、人権教育と道徳科が連動に関する様相を帰納的に探究すること
を通して、今後の双方の連動を図る上での基礎的な知見と資料を提供すること
を目指していく。

注

1)　福田弘『人権意識を高める道徳教育』、学事出版、1996 年、129 頁。

2)　林泰成『新訂 道徳教育論』、放送大学教育振興会、2009 年、170 頁。

3)　文部科学省「人権教育の指導方法等の在り方について［第三次とりまとめ］―実践編―」、
2008 年、8 頁。

4)　平沢安政「人権教育と道徳教育の関係性をめぐっての問題提起」、『部落解放研究』190
号、部落解放研究所、2010 年、2-8 頁。

5)　渡邉満「道徳科の授業づくりと教科書等の教材の活用」、「考え，議論する道徳」を実現す
る会 編，『「考え，議論する道徳」を実現する! 主体的・対話的で深い学びの視点から』、
図書文化、2017 年、118-127 頁。

6)　文部科学省『小学校学習指導要領（平成 29 年告示）解説　特別の教科 道徳編』、2018
年。

7)　貝塚茂樹『新時代の道徳教育「考え、議論する」ための 15 章』、ミネルヴァ書房、2020
年、197 頁。

8)　「相補的な関連性」に関する先行研究としては、林（2009）、島（2013）、柴原（2013）が
あげられる。林（2009）は、さまざまな人権問題に対して、共通に必要とされる道徳性を育
むことが道徳教育の特徴であると共に、人権教育において培われる人権意識は道徳教育の基
礎となることに言及している。島（2013）は、人権教育と道徳教育の特質を考察することを
通して、両者は結合したり読み替えたりすることはできないことを指摘する。柴原（2013）
は、人権教育と道徳教育は並立の関係であり、両者の教育活動を実践していくことが重要
であることを指摘している。上記の研究者は、人権教育と道徳教育の特質や独自性をふま
えた上で、教育活動を実践していくことが重要であることに言及しており、両者の既存の
特質を生かし、相補的にとらえていく重要性に関して考察している。「統合的な関連性」に
関する先行研究としては、福田（1996）や、岩田（2004）、平沢（2013）が挙げられる。福
田（1996）は、国際化社会のなかで、他国の人々と相互理解や平和的共存的に生きていくた
めには、人間としての尊厳を尊重しあい、差異を肯定的に認め合いつつ、国際社会の建設に
協同できるような人間の育成が道徳教育の課題であり、西欧諸国の理論を積極的に取り入れ
て、憲法や教育基本法の根本精神を直接的に教育において生かす領域としての人権教育を堅
固な基盤、あるいは中核となるべきことを言及している。岩田（2004）は、道徳を中核とし
ながらも各教科、領域の構造を人権教育としてのカリキュラムとして整理することを課題と

してあげている。平沢（2013）は、グローバル化する社会において、自律した市民をとして生きていく主体性を育てるために国際的な枠組みで、両者を統合的にとらえていく可能性があることを指摘している。上記の研究者は、グローバル化する社会という視点をふまえて、人権教育が道徳教育を包含していく可能性や国際的な観点を取り入れることに言及している点に特徴があり、両者を未来志向の中で、統合的な関係にあることを考察している。（福田弘『人権意識を高める道徳教育』、学事出版、1996年、林泰成『新訂 道徳教育論』、放送大学教育振興会、2009年、岩田一彦「学校における人権・同和教育」、日本人権教育研究学会編『21世紀の人権・同和教育への展開 ― 人権・同和教育と教師の力量形成 ―』、学術図書出版社、2004年、20-30頁、平沢安政「人権の視点に立った道徳教育の推進 国際的な市民性教育の文脈のなかで」、部落解放研究、198号、部落解放研究所、2013年、4-14頁、柴原弘志「道徳教育と人権教育」、部落解放研究、198号、部落解放研究所、2013年、36-43頁、島恒生「人権教育と道徳教育の関連」、部落解放研究、198号、部落解放研究所、2013年、15-27頁）

9)　柳沼良太・梅澤真一・山田誠『「現代的な課題」に取り組む道徳授業』、図書文化、2018年、3頁。

10)　前掲（6）、98-99頁。

11)　2002年3月15日に閣議決定された「人権教育・啓発に関する基本計画」には、個別の人権課題として「女性」、「子ども」、「高齢者」、「障害者」、「同和問題」、「アイヌの人々」、「外国人」、「HIV感染者・ハンセン病患者等」、「刑を終えて出所した人」、「犯罪被害者等」、「インターネットによる人権侵害」、「その他」を挙げている。なお、2011年4月1日に同計画は「北朝鮮当局による拉致問題等」を新たな人権課題として追加している。

12)　梅野正信「人権教育資料の分析的研究2 ― 人権課題に関わる指導例示の特色と傾向 ―」、上越教育大学研究紀要、32巻、2013年、59-74頁。

13)　文部科学省・人権教育の指導方法等に関する調査研究会議「人権教育の推進に関する取組状況の調査結果について」、2013年、88-89頁。

14)　島恒生「人権教育と道徳教育の関連」、『部落解放研究』198号、2013年、15-27頁。

15)　文部科学省「令和3年度 道徳教育実施状況調査報告書」、2022年、22-23頁。

16)　平沢安政「人権の視点に立った道徳教育の推進国際的な市民性教育の文脈のなかで」、部落解放研究、198号、部落解放研究所、2013年、4-14頁。

17)　文部科学省『小学校学習指導要領（平成29年告示）解説　特別の教科道徳編』、2018年。

18)　前掲（7）、197頁。

19)　国連「世界人権宣言」、http://www.mofa.go.jp/mofaj/gaiko/udhr/1b_001.html（外務省公式HP2016.8.20検索）、1948年。

20)　国連「あらゆる形態の人種差別の撤廃に関する国際条約」、http://www.mofa.go.jp/mofaj/gaiko/jinshu/conv_j.html、（外務省公式HP2023.1.13検索）、1965年。

21)　国連「女子に対するあらゆる形態の差別の撤廃に関する条約」、http://www.mofa.go.jp/mofaj/gaiko/josi/3b_001.html（外務省公式 HP2023.1.13 検索）、1979 年。

22)　国連「児童の権利に関する条約」、http://www.mofa.go.jp/mofaj/gaiko/jido/zenbun.html、（外務省公式 HP2023.1.13 検索）、1989 年。

23)　国連「人権教育のための国連 10 年国連行動計画」、https://www.mofa.go.jp/mofaj/gaiko/jinken/kyoiku/pdfs/k_keikaku3.pdf、（外務省公式 HP2023.1.13 検索）、1994 年。

24)　同上。

25)　Graham・Pike、David・Selby 共著、中川喜代子 監訳、平岡昌樹 訳『ヒューマン・ライツ ― 楽しい活動事例集』、明石書店、1993 年。

26)　Council of Europe・福田弘［訳］『コンパス【羅針盤】人権教育総合マニュアル』、人権教育啓発推進センター、2006 年／『コンパシート【羅針盤】子どもを対象とする人権総合マニュアル』、人権教育啓発推進センター、2009 年。

27)　前掲（23）

28)　国連連合「人権教育のための世界計画第 1 フェーズ」2004 年／「人権教育のための世界計画第 2 フェーズ」2010 年／「人権教育のための世界計画第 3 フェーズ」2014 年／「人権教育のための世界計画第 4 フェーズ」2019 年。

29)　文部科学省・道徳教育の充実に関する懇談会「今後の道徳教育の改善・充実方策について（報告）〜新しい時代を、人としてより良く生きる力を育てるために〜」2013 年、文部科学省 HP2022.12.26 検索 https://www.mext.go.jp/b_menu/shingi/chousa/shotou/096/houkoku/__icsFiles/afieldfile/2013/12/27/1343013_01.pdf。

30)　文部省『小学校道徳の指導資料』、1966 年。

31)　文部省『心のノート』、2002 年。

32)　文部科学省『私たちの道徳』、2014 年。

33)　文部科学省「道徳教育実施状況調査結果の概要（平成 24 年度実施）」、2011 年。

34)　前掲（15）、22-23 頁。

35)　「人権教育及び人権啓発の推進に関する法律」、平成 12 年 12 月 6 日法律第 147 号。

36)　文部科学省・人権教育の指導方法等に関する調査研究会議「人権教育の指導方法等の在り方について［第三次とりまとめ］指導の在り方編」、2008 年。

37)　前掲（3）、8 頁。

38)　前掲（36）、5-7 頁。

39)　文部科学省・人権教育の指導方法等に関する調査研究会議、「人権教育の推進に関する取組状況の調査結果について」、2013 年。

40)　前掲（14）、16 頁。

41)　「人権教育・啓発に関する基本計画」では「子ども」と表記されているが、本書では「子供」と表記する。

第 **1** 章
人権課題と関連性がある読み物教材の傾向と特色

第1節　道徳科教科書と人権課題

　序章で述べたように、国内の教科書制度が検定制度と無償給与制度を柱として運用されている中で、教科化される以前の「道徳の時間」では、文部科学省や地方公共団体、民間の教材会社が作成した道徳教材が使用されていた。こうした中、道徳科が教育課程に特別の教科として位置付けられ、道徳科教科書が主たる教材として全国的に普及したことは、道徳科の教科化による重要な転換点であり、道徳科教科書は人権教育との接合点を検討していく上で重要な位置付けにある。そこで、第1章では、道徳科が新設されてはじめて刊行された道徳科教科書を収集し、個別の人権課題と関連性がある読み物教材の傾向や特色を検討していく。

　道徳科の新設に伴い、小学校用の道徳科教科書を創刊した出版社は、東京書籍、学校図書、教育出版、光村図書、日本文教出版、学研、廣済堂あかつき、光文書院の8社である。また、中学校用の道徳科教科書は、東京書籍、学校図書、教育出版、光村図書、日本文教出版、学研、廣済堂あかつき、日本教科書の8社が挙げられる。それぞれの出版社は学年ごとに道徳教科書を刊行しており、新設された道徳科教科書は小学校と中学校を合わせて72冊の道徳科教科書が刊行されている（表1-1）。

　こうした中、創刊された中学校用の道徳科教科書と人権教育に関する基本的な文書との関連性を検討した先行研究（梅野・蜂須賀，2020)[41]によれば、

表 1-1　道徳科教科書の一覧（創刊）

発行所	学年	資料名	発行年	発行所	学年	資料名	発行年
東京書籍	小1	あたらしいどうとく①	2018	日本文教出版	小1	小学　どうとく　いきるちから1	2018
	小2	新しいどうとく②	2018		小2	小学　どうとく　生きる力2	2018
	小3	新しいどうとく③	2018		小3	小学　どうとく　生きる力3	2018
	小4	新しいどうとく④	2018		小4	小学　どうとく　生きる力4	2018
	小5	新しい道徳⑤	2018		小5	小学道徳　生きる力5	2018
	小6	新しい道徳⑥	2018		小6	小学道徳　生きる力6	2018
	中1	新しい道徳1	2019		中1	中学道徳　あすを生きる1	2019
	中2	新しい道徳2	2019		中2	中学道徳　あすを生きる2	2019
	中3	新しい道徳3	2019		中3	中学道徳　あすを生きる3	2019
学校図書	小1	かがやけみらいしょうがっこう　どうとく1年よみもの	2018	学研	小1	みんなのどうとく1年	2018
	小2	かがやけ　みらい　小学校　どうとく2年よみもの	2018		小2	みんなのどうとく2年	2018
	小3	かがやけ　みらい　小学校　どうとく3年読みもの	2018		小3	みんなのどうとく3年	2018
	小4	かがやけ　みらい　小学校　道徳4年　読みもの	2018		小4	みんなの道徳4年	2018
	小5	かがやけ　みらい　小学校　道徳5年　読みもの	2018		小5	みんなの道徳5年	2018
	小6	かがやけ　みらい　小学校　道徳6年　読みもの	2018		小6	みんなの道徳6年	2018
	中1	輝け　未来　中学校道徳1年	2019		中1	中学生の道徳　明日への扉1年	2019
	中2	輝け　未来　中学校道徳2年	2019		中2	中学生の道徳　明日への扉2年	2019
	中3	輝け　未来　中学校道徳3年	2019		中3	中学生の道徳　明日への扉3年	2019

発行所	学年	資料名	発行年	発行所	学年	資料名	発行年
教育出版	小1	小学どうとく1はばたこうあすへ	2018	廣済堂あかつき	小1	みんなでかんがえ、はなしあうしょうがくせいのどうとく1	2018
	小2	小学どうとく2はばたこう明日へ	2018		小2	みんなで考え、話し合う　小学生のどうとく2	2018
	小3	小学どうとく3はばたこう明日へ	2018		小3	みんなで考え、話し合う　小学生のどうとく3	2018
	小4	小学どうとく4はばたこう明日へ	2018		小4	みんなで考え、話し合う　小学生のどうとく4	2018
	小5	小学道徳5はばたこう明日へ	2018		小5	みんなで考え、話し合う　小学生の道徳5	2018
	小6	小学道徳6はばたこう明日へ	2018		小6	みんなで考え、話し合う　小学生の道徳6	2018
	中1	中学道徳1とびだそう未来へ	2019		中1	中学生の道徳　自分を見つめる1	2019
	中2	中学道徳2とびだそう未来へ	2019		中2	中学生の道徳　自分を考える2	2019
	中3	中学道徳3とびだそう未来へ	2019		中3	中学生の道徳　自分をのばす3	2019
光村図書	小1	どうとく1きみがいちばんひかるとき	2018	光文書院	小1	しょうがく　どうとく　ゆたかなこころ1ねん	2018
	小2	どうとく2きみがいちばんひかるとき	2018		小2	小学どうとく　ゆたかなこころ2年	2018
	小3	どうとく3きみがいちばんひかるとき	2018		小3	小学どうとく　ゆたかな心3年	2018
	小4	どうとく4きみがいちばんひかるとき	2018		小4	小学どうとく　ゆたかな心4年	2018
	小5	道徳5きみがいちばんひかるとき	2018		小5	小学道徳　ゆたかな心5年	2018
	小6	道徳6きみがいちばんひかるとき	2018		小6	小学道徳　ゆたかな心6年	2018
	中1	中学道徳1きみがいちばんひかるとき	2019	日本教科書	中1	道徳　中学校1生き方から学ぶ	2019
	中2	中学道徳2きみがいちばんひかるとき	2019		中2	道徳　中学校2生き方を見つめる	2019
	中3	中学道徳3きみがいちばんひかるとき	2019		中3	道徳　中学校3生き方を創造する	2019

人権教育と相互に連携することを可能とする題材が相当数確認できたことが報告されている。

　そこで、人権教育に関する基本的な文書である「第三次とりまとめ」（文部科学省，2008）[42] に着目してみると、学校教育においては各教科等の学習において個別の人権課題に関わりのある内容を取り扱う際には当該教科等の目標やねらいを踏まえつつ、児童生徒一人一人がその人権課題を自分の問題としてとらえ、自己の生き方を考える契機となるような指導を行っていくことを推奨していることが明示されていることが確認できる。また、梅野（2013）は、都道府県および政令指定都市教育委員会により作成された人権教育指導資料に掲載されている人権課題ごとの指導例示を分類し、人権課題ごとの学習内容の特色や傾向を各教科や領域などを含めてカテゴリー化（以下、「人権教育指導資料における指導例示の分類」と表記）[43] しており、人権課題に関する指導例示が道徳の時間に設定されていることが確認できる。つまり、道徳科の新設以前から、人権課題を題材にした道徳授業が実践されてきたといえる。

　上記の点を踏まえれば、道徳科を契機として刊行された道徳科教科書にも、児童生徒が個別の人権課題を自らの生き方とつなげることへのアプローチとして個別的な人権課題と関連性がある読み物教材が掲載されていることが推察される。そこで、道徳科の新設に伴って刊行された小学校・中学校の道徳科教科書を対象とし、個別の人権課題と関連している読み物教材を抽出することを試みる。

第2節　道徳科教科書を対象とした抽出方法

　本節では、小・中学校の道徳科教科書（東京書籍、学校図書、教育出版、光村図書、日本文教出版、学研、廣済堂あかつき、光文書院、日本教科書）を対象とし、人権課題と関連性がある読み物教材の抽出を以下の手順で試みる。

　各出版社が刊行している道徳科教科書の教師用指導書等から読み物教材ごとに掲載されている「主題名」、「内容項目」、「ねらい」、「現代的な課題との関連や他教科・領域との関わり、テーマや重点事項等」に関する記述を手がかり

にして、「第三次とりまとめ」との関連性を踏まえて「人権教育指導資料における指導例示の分類」（梅野，2013）[44]と関連性がある資料を抽出する[45]。ここでは、光村図書「道徳5 きみがいちばんひかるとき」（以下、【光村図書小5】と表記）を対象とした際の具体的な手順を明示する。

　【光村図書小5】に掲載されている教材番号⑤「どうすればいいのだろう」は、主題が「公正・公平な態度とは」として設定されていると共に、内容項目については「C（13）公正，公平，社会正義」が設定されている。ねらいに着目していくと「友達とのやり取りの中で、迷ったり悩んだりする3つの事例を通して、公正・公平に行動するためには、どんな心が必要かを考えさせ、自分の意志を強くもち、周囲の雰囲気や人間関係に流されずに判断し、自分自身に誠実に、正義の実現に努めようとする実践意欲と態度を育てる」と記述されている。また、現代的な課題や他教科・領域との関わりとして、「いじめ問題」と「共生」への取組みであることが確認できる。こうした記述内容と、「第三次とりまとめ」が初等中等教育における人権課題に対する取組みに当たっての基本的な考え方・観点の内容と関連している箇所に下線を引いていく。そして、下線の箇所が「人権教育指導資料における指導例示の分類」（梅野，2013）[46]の「いじめや差別問題に関する指導例示」（人権課題：子供）と関連性があると認められると判断できる場合の読み物教材を抽出した。それらを整理した結果が表1-2である。

　上記の手順で【光村図書小5】を分類していくと、子供「いじめや差別問題に関する指導例示」は、（【光村図書小5】④、⑤、⑥、㉛）が該当する。女性「学校における性的役割分業について考えさせる指導例示」では、【光村図書小5】⑭が該当し、高齢者「高齢者に関する指導例示」（【光村図書小5】⑧）、障害者「バリアフリー、ノーマライゼーションに関する学習の指導例示」（【光村図書小5】㉘）、外国人「相互理解を目的とする指導例示」（【光村図書小5】㉗）、HIV感染者・ハンセン病患者・元患者等「ハンセン病問題に関する指導例示」（【光村図書小5】㉛）、インターネットによる人権侵害「インターネットによる人権侵害に関する指導例示」（【光村図書小5】⑦）が該当する。

　なお、【光村図書小5】㉛は、「ハンセン病の歴史や、ハンセン病患者である

表 1-2　光村図書「道徳５ きみがいちばんひかるとき」の分析結果

資料名	学年	教材番号	主題名 内容項目 教材名	ねらい	現代的な課題や他教科・領域との関わり	人権課題（梅野、2013）との関連
道徳５きみがいちばんひかるとき	小学校第五学年	④	【広い心で】B（11）相互理解，寛容「すれちがい」	擦れ違いを起こしてしまったマミ、えり子の各視点から出来事を見比べることを通して、友達と「すれちがい」が起きてしまったらどうすればよいかを考えさせ、自分の考えや意見を適切に相手に伝えたり、相手の考えや意見を素直に聞いたりしながら、広い心で相手の意見や立場を尊重していこうとする実践意欲と態度を育てる。	いじめ問題	子供「いじめや差別問題に関する指導例示」
		⑤	【公正・公平な態度とは】C（13）公正，公平，社会正義「どうすればいいのだろう」	友達とのやり取りの中で、迷ったり悩んだりする三つの事例を通して、公正・公平に行動するためには、どんな心が必要かを考えさせ、自分の意志を強くもち、周囲の雰囲気や人間関係に流されずに判断し、自分自身に誠実に、正義の実現に努めようとする実践意欲と態度を育てる。	いじめ問題共生	子供「いじめや差別問題に関する指導例示」
		⑥	【かけがえのない命】D（19）生命の尊さ「命の詩―電池が切れるまで」	宮越由貴奈さんが書いた命についての詩やエピソードを通して、命とはどんなものか考えさせ、自他の生命を大切に、限りある命を懸命に生きようとする判断力や心情を育てる。	いじめ問題図書館活用	子供「いじめや差別問題に関する指導例示」
		⑦	【れいぎとは】B（9）礼儀「あいさつって」	「挨拶」に関する三つの事例を通して、心のこもった挨拶や礼儀とは、どんなものか考えさせ、相手を尊重する気持ちをもって、礼儀正しく挨拶をしようとする実践意欲と態度を育てる。	情報モラル特別活動（児童会活動）	インターネットによる人権侵害「インターネットによる人権侵害に関する指導例示」

		主題名・内容項目・教材名			
	⑧	【家族のために】C(15)家族愛，家庭生活の充実「祖母のりんご」	優しかった祖母のことを思い出して気持ちが変わっていく「わたし」の姿を通して、家族とはどんなものかを考えさせ、愛情をもって育ててくれた祖父母への尊敬や感謝を込めて、家族のために進んで役に立とうとする実践意欲と態度を育てる。	福祉に関する教育	高齢者「高齢者に関する指導例示」
	⑭	【友達を理解しながら】B(10)友情，信頼「絵地図の思い出」	係の仕事で男女共に協力する児童の姿を通して、男女に関わりなく友達と助け合うためにはどうすればよいか考えさせ、異性とも協力し学び合って互いに理解し合いながら、友情を育てていこうとする実践意欲と態度を育てる。	共生図画工作科特別活動（学級活動）	女性「学校における性的役割分業について考えさせる指導例示」
	㉗	【他国の人々を理解して】C(18)国際理解，国際親善「小さな国際親善大使」	国ごとにいろいろな違いがあることに気づき、強い関心を抱く芽衣の姿を通して、他国の習慣や文化を理解することはなぜ大切かを考えさせ、他国への関心や理解を深め、相互に尊重し合いながら、国際親善に努めようとする実践意欲と態度を育てる。	共生国際理解教育食育	外国人「相互理解を目的とする指導例示」
	㉘	【相手の立場になって】B(7)親切，思いやり「マークが伝えるもの」	ピクトグラムについて学ぶ理子の姿を通して、ピクトグラムにどんな考えや思いが込められているか考えさせ、相手の立場に立って他者を思いやり、誰もが暮らしやすい社会を作っていこうとする実践意欲と態度を育てる。	共生福祉に関する教育社会科図画工作科	障害者「バリアフリー、ノーマライゼーションに関する学習の指導例示」
	㉛	【公正・公平な社会を目ざして】C(13)公正，公平，社会正義「だれもが幸せになれる社会を」	ハンセン病の歴史や、ハンセン病患者であるきみ江さんの思いを通して、誰もが幸せになれる社会とはどんなものか考えさせ、正しい知識をもち、誰に対しても差別や偏見をもつことなく、公正・公平な態度で接し、正義の実現に努めようとする実践意欲と態度を育てる。	いじめ問題共生社会参画に関する教育社会科図書館活用	子供「いじめや差別問題に関する指導例示」、HIV感染者・ハンセン病患者・元患者等「ハンセン病問題に関する指導例示」

＊主題名：【　】、内容項目：アルファベットは4つの視点、（　）は内容項目の番号、教材名：「　」と表示している。なお、下線は筆者が記した。

きみ江さんの思いを通して、誰もが幸せになれる社会とはどんなものか考えさせ、正しい知識をもち、誰に対しても差別や偏見をもつことなく、公正・公平な態度で接し、正義の実現に努めようとする実践意欲と態度を育てる」と明示されていると共に、現代的な課題や他教科・領域との関わり、テーマや重点事項として、「いじめ問題」への取組として設定されている。そのため、子供「いじめや差別問題に関する指導例示」と、HIV 感染者・ハンセン病患者等「ハンセン病問題に関する指導例示」の両方の要素が確認できた場合には、重複して分類する。

第3節　人権課題と関連性がある読み物教材の傾向

　上述した手順によって、国内における小・中学校の道徳科の教用図書（東京書籍、学校図書、教育出版、光村図書、日本文教出版、学研、廣済堂あかつき、光文書院、日本教科書）を対象とし、人権課題 ①「女性」、②「子供」、③「高齢者」、④「障害者」、⑤「同和問題」、⑥「アイヌの人々」、⑦「外国人」、⑧「HIV 感染者・ハンセン病患者等」、⑨「刑を終えて出所した人」、⑩「犯罪被害者等」、⑪「インターネットによる人権侵害」、⑫「拉致問題」、⑬「その他」の関連性を出版社ごとに整理した結果が表 1-3 である。

　第 1 列から右に出版社の名称を示し、複数の道徳教科書を区別するために小学校と中学校の学年を表示する。また、小学校と中学校ごとの小計欄を表示した。さらに右の列には、人権課題ごとに掲載されている「人権教育指導資料における指導例示の分類」と教材番号を示している。なお、人権課題ごとに教材の総数を最下部に表示した。教材ごとの具体的な分析結果については河野辺（2021）[47] を参照されたい。

　表 1-3 から、人権課題「子供」に関連している教材は、東京書籍が 32 編、学校図書 68 編、教育出版 41 編、光村図書編 58 編、日本文教出版 57 編、学研 54 編、廣済堂あかつき 29 編、光文書院 35 編、日本教科書 13 編であり、合計で 387 編を確認できる。とりわけ、「いじめや差別問題に関する指導例示」に関連している教材が大部分を占めており、すべての教科書に掲載されている

表 1-3　道徳科教科書における人権課題の取扱いに関する教材一覧

出版社	学年	①女性	②子供	③高齢者	④障害者	⑤同和問題	⑥アイヌの人々	⑦外国人	⑧患者・元患者	⑨出所した人	⑩犯罪被害者等	⑪ネット	⑫拉致問題	⑬その他
東京書籍	小1		いじめ⑯,⑰	高齢者㉔				相互理解⑮				ネット㉟		
	小2		いじめ⑱,⑲					相互理解⑨				ネット㊱		
	小3		いじめ⑥,⑦	高齢者㉒,㉙	障害者⑲			相互理解⑬				ネット㊱		
	小4	家庭㉔	いじめ⑨,⑩		障害者③,㉞			相互理解㉚				ネット㊱		
	小5	学校㉓	いじめ⑧,⑨	高齢者⑳	バリアフリー⑨			相互理解⑰,㉚				ネット㊱		
	小6	学校⑱	いじめ⑩,⑪	高齢者④,㉘	バリアフリー⑦,㉓			相互理解⑧,⑬,㉓				ネット㊱		
	小計	3	12	6	6	0	0	9	0	0	0	6	0	0
	中1	学校⑮	いじめ④,⑤,⑥(1),⑥(2),⑮,㉑(1),付録㉞	高齢者⑧	障害者㉑(2)／バリアフリー⑬,㉗			相互理解㉖				ネット⑪		
	中2		いじめ③,④,⑤(1),⑤(2),⑥,⑰	高齢者㉙	バリアフリー㉑,㉖,㉘			相互理解⑲				ネット⑥		
	中3		いじめ④,⑤(1),⑤(2),⑥,㉑,㉓／権利㉙	高齢者⑲				相互理解㉙,付録㉞				ネット⑤(1),㉑		
	小計	1	20	3	6	0	0	4	0	0	0	4	0	0

出版社	学年	①女性	②子供	③高齢者	④障害者	⑤同和問題	⑥アイヌの人々	⑦外国人	⑧患者・元患者	⑨出所した人	⑩犯罪被害者等	⑪ネット	⑫拉致問題	⑬その他
学校図書	小1		いじめ⑥,⑨,⑫,⑯,⑰,㉔,㉗,㉛	高齢者⑱				相互理解㉛				ネット⑲		
	小2		いじめ③,⑤,⑨,⑪,⑫,⑬,⑯,㉑,㉓,㉔,㉕,㉛,㉜,㉞					相互理解⑬				ネット㉜,㉞		
	小3		いじめ②,④,⑥,⑱,㉑,㉒,㉕,㉘,㉚,㉛,㉞	高齢者⑧,㉗	障害者㉙			相互理解⑮				ネット㉛		
	小4		いじめ①,⑥,⑧,⑯,⑳,㉑,㉓,㉕,㉖,㉛,㉝	高齢者⑮,㉞,㉟	障害者②,㉙／バリアフリー㉕			相互理解⑨				ネット⑭,⑰		
	小5	学校⑧	いじめ⑤,⑬,㉒,㉓,㉘,㉚,㉝		バリアフリー㉕			相互理解㉓				ネット⑦,⑰		
	小6		いじめ②,③,⑰,⑱,㉑,㉛	高齢者⑨,㉖	バリアフリー①,㉔			相互理解⑯,⑲,㉒				ネット⑰,㉞		
	小計	1	58	8	7	0	0	8	0	0	0	10	0	0
	中1		いじめ③,⑭,㉚,㉟		障害者①			相互理解⑫,㉚				ネット③		
	中2	学校④	いじめ⑦,⑮,⑲,㉘	高齢者㉒	バリアフリー㉕			相互理解⑫,㉖,㉛				ネット⑪,⑬		LGBT㉘
	中3	学校⑥	いじめ⑰,㉔	高齢者㉞				相互理解⑫,㉜				ネット①,②,⑰		水俣病⑦
	小計	2	10	2	2	0	0	7	0	0	0	6	0	2

出版社	学年	①女性	②子供	③高齢者	④障害者	⑤同和問題	⑥アイヌの人々	⑦外国人	⑧患者・元患者	⑨出所した人	⑩犯罪被害者等	⑪ネット	⑫拉致問題	⑬その他
教育出版	小1		いじめ⑰⑲⑳㉖	高齢者⑨				相互理解㉙				ネット⑦		
	小2	社会⑮	いじめ⑥⑫⑲					相互理解㉙				ネット⑨		
	小3		いじめ⑥⑰	高齢者⑨	障害者⑤			相互理解㉘				ネット②㉔		
	小4		いじめ④⑦⑯	高齢者②⑫㉘				相互理解㉔				ネット⑨⑪		
	小5		いじめ⑦⑲⑳	高齢者㉑	バリアフリー㉙			相互理解㉗㉘				ネット⑦⑨⑳		
	小6	学校④	いじめ⑰		障害者③／バリアフリー①		アイヌ㉞	相互理解⑲				ネット⑧㉖		
	小計	2	16	6	4	0	1	7	0	0	0	11	0	0
	中1		いじめ①④⑦⑨⑮⑰⑱⑳㉓㉘	高齢者⑨	障害者④／バリアフリー⑰㉛			相互理解㉑				ネット⑤⑮		
	中2	学校⑬	いじめ①⑥⑦⑳㉑㉓㉖㉜	高齢者㉓				相互理解⑰㉗				ネット⑮㉖		
	中3		いじめ⑥⑦⑫⑮㉓㉖㉛	高齢者⑰	障害者⑪／バリアフリー㉔		アイヌ㉟	相互理解④㉓		出所㉘	犯罪被害者⑲	ネット③		原発㉛
	小計	1	25	3	5	0	1	5	0	1	1	5	0	1

出版社	学年	①女性	②子供	③高齢者	④障害者	⑤同和問題	⑥アイヌの人々	⑦外国人	⑧患者・元患者	⑨出所した人	⑩犯罪被害者等	⑪ネット	⑫拉致問題	⑬その他
光村図書	小1		いじめ⑭.⑮.⑳.㉕.㉚					相互理解㉛				ネット⑰		
	小2		いじめ⑧.⑮.⑯.㉜					相互理解㉚				ネット③		
	小3		いじめ④.⑤.⑬.⑭.⑯.㉚	高齢者㉘	バリアフリー㉙			相互理解㉗				ネット②		
	小4	家庭㉒	いじめ⑭.⑮.㉚.㉜	高齢者㉝	障害者㉛ / バリアフリー㉗			相互理解㉖				ネット⑰		
	小5	学校⑭	いじめ④.⑤.⑥.㉛	高齢者⑧	バリアフリー㉘			相互理解㉗	ハンセン病㉛			ネット⑦		
	小6		いじめ⑩.⑬.⑭.㉓.㉙ / 権利②	高齢者㉛	障害者㉝			相互理解㉖.㉗.㉚				ネット㉘		
	小計	2	29	4	5	0	0	8	1	0	0	6	0	0
	中1	学校㉛	いじめ①.⑦.⑩.⑭.⑰.㉖.㉘.㉛.㉟.㊱	高齢者③.⑧.⑯	障害者⑤.⑮ / バリアフリー⑦			相互理解⑦.㉔ / 外国人⑰				ネット⑦.⑭		
	中2		いじめ①.⑤.⑧.⑩.⑭.⑯.⑰.㉒.㉔.㉗.㊱		バリアフリー⑭			相互理解⑰.㉑.㉒.㉓				ネット②.㉔		
	中3		いじめ⑤.⑦.⑧.⑨.⑩.⑭.㉙	高齢者㉓.㉚	バリアフリー㉕			相互理解㉕				ネット⑰		
	小計	1	29	5	5	0	0	8	0	0	0	5	0	0

出版社	学年	①女性	②子供	③高齢者	④障害者	⑤同和問題	⑥アイヌの人々	⑦外国人	⑧患者・元患者	⑨出所した人	⑩犯罪被害者等	⑪ネット	⑫拉致問題	⑬その他
日本文教出版	小1		いじめ⑦,⑨,⑩,⑳,㉕,㉗,㉝					相互理解⑫,⑲,付録①				ネット⑭		
	小2		いじめ⑥,㉑,㉒,㉙,㉚	高齢者㉗				相互理解⑫,付録③				ネット⑲,㉗		
	小3	家庭⑱	いじめ④,⑤,⑲,㉚,㉛,㉝	高齢者⑨				相互理解⑮				ネット⑪		
	小4		いじめ⑥,⑦,⑱,⑲,㉚,㉛	高齢者⑭				相互理解⑧,付録②				ネット㉔		
	小5	家庭⑦,㉓	いじめ①,②,③,④,⑤,⑰,⑱,⑲,㉚,㉜		障害者⑯			相互理解㉕,㉞				ネット⑮,㉙,㉚		
	小6	学校⑤	いじめ③,④,⑤,⑰,⑱,㉒,㉙,㉚	高齢者㉗	バリアフリー①			相互理解⑨,㉖				ネット③,⑫,㉓		
	小計	4	42	4	2	0	0	12	0	0	0	11	0	0
	中1	学校⑬	いじめ⑤,⑥,⑦,⑮,⑯,㉙,㉚	高齢者⑬,⑳,㉔	障害者⑬,⑱,⑳,㉜			相互理解⑪,⑲,⑳				ネット⑥,⑰		
	中2		いじめ⑥,⑦,⑧,㉓,㉔	高齢者㉕	障害者㉕,㉟／バリアフリー①,④			相互理解⑩,㉘				ネット⑥,⑦,⑬		
	中3	学校㉕／社会㉑	いじめ⑦,⑧／権利㉛	高齢者⑥,⑨,㉑	障害者⑲／バリアフリー⑤,㉑			相互理解⑩,⑪,㉝				ネット⑭,⑮		
	小計	3	15	7	11	0	0	8	0	0	0	7	0	0

出版社	学年	①女性	②子供	③高齢者	④障害者	⑤同和問題	⑥アイヌの人々	⑦外国人	⑧患者・元患者	⑨出所した人	⑩犯罪被害者等	⑪ネット	⑫拉致問題	⑬その他
学研	小1		いじめ②,⑦,⑧,⑫,⑭,⑱,㉔,㉙	高齢者⑤				相互理解⑱				ネット㉕		
	小2		いじめ③,⑩,⑳,㉕,㉝		障害者㉝			相互理解⑤,⑮,㉖				ネット㉞		
	小3		いじめ①,⑥,⑧,⑩,⑬,⑳,㉔,㉟		バリアフリー㉕			相互理解⑥,㉘				ネット㉛		
	小4	家庭⑭	いじめ⑦,⑪,⑮,㉕,㉚,㉟		障害者④,⑨			相互理解⑰,㉗				ネット㉘		
	小5	家庭⑫ 学校⑩	いじめ⑥,⑨,⑩,⑳,㉑		障害者⑱			相互理解⑨,⑲,㉞				ネット㉛		
	小6		いじめ①,⑪,⑮,⑱,㉔,㉕,㉚ 権利②	高齢者⑩	障害者⑧			相互理解⑫				ネット⑰,㉔		
	小計	3	40	2	6	0	0	12	0	0	0	7	0	0
	中1	学校㉖	いじめ④,⑨,㉓,㉚	高齢者⑦	障害者㉑ バリアフリー⑫,⑲			相互理解⑬,㉟				ネット④,⑭,⑰		
	中2		いじめ②,④,⑦,⑳	高齢者㉓	バリアフリー㉕			相互理解④		出所㉙		ネット⑳		
	中3		いじめ⑧,⑪,㉑,㉒,㉕,㉛	高齢者⑬,⑯	障害者⑬,㉛,㉝ バリアフリー㉜			相互理解②,④,㉔,㉞				ネット⑧,㉓		
	小計	1	14	4	8	0	0	7	0	1	0	6	0	0

出版社	学年	①女性	②子供	③高齢者	④障害者	⑤同和問題	⑥アイヌの人々	⑦外国人	⑧患者・元患者	⑨出所した人	⑩犯罪被害者等	⑪ネット	⑫拉致問題	⑬その他
廣済堂あかつき	小1		いじめ⑳,㉒,㉖,㉚					相互理解㉕				ネット㉒		
	小2		いじめ㉔,㉘,㉙,㉚	高齢者⑭				相互理解㉗				ネット⑥		
	小3	家庭⑯,㉒	いじめ⑥,⑪,㉜	高齢者②,㉕,㉞				相互理解㉝				ネット㉓		
	小4		いじめ⑮,㉒,㉓,㉖	高齢者⑨	バリアフリー⑧			相互理解⑳,㉘／外国人㉖				ネット⑭		
	小5		いじめ⑨,⑬,⑭,⑱	高齢者㉓,㉘,㉛	障害者⑱,㉒,㉚			相互理解㉟				ネット⑰,㉑		
	小6		いじめ⑥	高齢者①	障害者⑯／バリアフリー㉘			相互理解㉚				ネット④,⑨		
	小計	2	20	9	6	0	0	8	0	0	0	8	0	0
	中1	学校⑥	いじめ⑨,㉕	高齢者⑰	障害者㉕,㉟／バリアフリー㉚			相互理解㉓				ネット㉔,㉝		
	中2	学校㉛	いじめ⑨,㉓,㉝	高齢者⑪,㉖,㉗	バリアフリー㉚			相互理解㉝				ネット②,⑨		
	中3	社会㉙	いじめ②,⑧,⑭,㉒	高齢者⑮	障害者⑫／バリアフリー⑥			相互理解㉘／外国人㉒				ネット⑭		
	小計	3	9	5	6	0	0	4	0	0	0	5	0	0

出版社	学年	①女性	②子供	③高齢者	④障害者	⑤同和問題	⑥アイヌの人々	⑦外国人	⑧患者・元患者	⑨出所した人	⑩犯罪被害者等	⑪ネット	⑫拉致問題	⑬その他
光文書院	小1		いじめ⑬,⑮,㉒,㉓,㉛,㊴	高齢者⑭				相互理解㉗				ネット㉔		
	小2		いじめ⑧,⑪,⑱,⑲,⑳,㉑	高齢者⑮,㉔	バリアフリー⑬			相互理解⑬,㉓				ネット㉖		
	小3		いじめ①,⑮,㉓,㉘,㉚,㉛,㉞	高齢者⑥,㉙,㊲				相互理解㉟				ネット㉘		
	小4	家庭⑥	いじめ①,③,⑪,⑭,⑰,⑳	高齢者⑲	バリアフリー⑲			相互理解⑭,㉝				ネット⑪		
	小5	学校⑭　社会㊳	いじめ⑦,⑧,⑪,⑭,⑮,⑯,㉒	権利㉟				相互理解⑨				ネット㉒		
	小6	学校⑤	いじめ㉗,㊲		バリアフリー⑩			相互理解㉓,㉔				ネット⑱		
	小計	4	35	7	3	0	0	9	0	0	0	6	0	0
日本教科書	中1	学校⑧(2)	いじめ⑧(1),⑪(2),⑫(1),⑲(1),⑲(2)	高齢者⑭(1)	障害者⑥(1),⑥(2),㉒(2)　バリアフリー③(1)			相互理解⑱				ネット⑪(3)		
	中2	学校⑧(1)	いじめ⑪(2),⑲(1),⑲(2)	高齢者⑥,⑬(2),⑲(2)	障害者⑪(2),㉒(1)			相互理解⑪(1),⑱				ネット②,⑨(3)		LGBT⑨(1)　ホームレス⑫(2)
	中3	学校⑧(3)	いじめ⑪(1),⑪(2),⑲(2),⑲(3),㉒(1)	高齢者⑨,⑭(1)	障害者⑪(1),⑭(2)			相互理解⑱(1),⑱(2)				ネット⑧(1)		
	小計	3	13	6	8	0	0	5	0	0	0	4	0	2
	総数	36	387	81	90	0	2	121	1	2	1	107	0	5

ことがわかる。「児童の権利に関する条約に関する指導例示」に関連している教材は、東京書籍1編、光村図書1編、日本文教出版1編、学研1編、光文書院1編が確認できるとともに、小学校の高学年以上の教材として掲載されている傾向にあり、各社によって掲載の有無が分かれている。なお、「児童虐待問題に関する指導例示」に関する教材は確認できなかった。

　人権課題「外国人」に関連している教材は、東京書籍が13編、学校図書15編、教育出版12編、光村図書編16編、日本文教20編、学研19編、廣済堂あかつき12編、光文書院9編、日本教科書5編であり、合計で121編を確認できる。「相互理解を目的とする指導例示」に関連している教材が大部分を占めており、発達段階ごとに系統的に掲載されている傾向にある。また、「外国人差別に関する学習の指導例示」に関連している教材としては、光村図書1編と廣済堂あかつき2編の教材が確認できる。これらの教材は、内容項目「C 公正，公平，社会正義」が設定されており、人種差別や外国人への差別や偏見を是正していく内容が掲載されていることが共通点として挙げられる。

　人権課題「インターネットによる人権侵害」に関連している教材は、東京書籍が10編、学校図書16編、教育出版16編、光村図書11編、日本文教出版18編、学研13編、廣済堂あかつき13編、光文書院6編、日本教科書4編の合計で107編の教材を確認でき、発達段階ごとに系統的に掲載されている。『小学校学習指導要領解説　特別の教科　道徳編』（文部科学省，2018）[48]と『中学校学習指導要領解説　特別の教科　道徳編』（文部科学省，2018）[49]には、児童や生徒の発達の段階や特性等を考慮し、情報モラルに関する指導を充実させることが強調されていることから、情報モラルに関する指導としてインターネットや情報機器の操作に関するトラブルの事例が教材として取り上げられている傾向にあることが確認できる。上記のことから、道徳科教科書には、人権課題「子供」「外国人」「インターネットによる人権侵害」に関する教材が系統的に掲載されており、児童生徒が人権課題と向き合う機会が設定されていることが考察できる。

　次に、教科書会社ごとに掲載数に軽重がある人権課題「女性」、「高齢者」、「障害者」の教材に注目をする。人権課題「女性」に関連している教材は、東

京書籍が4編、学校図書3編、教育出版3編、光村図書3編、日本文教出版7編、学研4編、廣済堂あかつき5編、光文書院4編、日本教科書3編であり、合計で36編の教材が確認できる。小学校と中学校の掲載数に注目してみると、小学校で21編、中学校で15編であり、すべての学年ではないが、小学校と中学校で取り扱われている傾向にある。なお、光文書院と廣済堂あかつきは、「家庭における性的役割分業について考えさせる指導例示」や、「学校における性的役割分業について考えさせる指導例示」「社会における性的役割分業について考えさせる指導例示」の3つを網羅的に扱っている。

　人権課題「高齢者」に関連している教材は、東京書籍が9編、学校図書10編、教育出版9編、光村図書9編、日本文教出版11編、学研6編、廣済堂あかつき14編、光文書院7編、日本教科書6編の合計で81編の教材が確認でき、各教科書会社の教材の掲載数はおおよそ均衡している。その多くは高齢者理解に関する内容であり、高齢者を尊敬することや、介護を行うこと等、多様な観点に基づいた教材が掲載されている。小学校と中学校の掲載数に注目してみると、小学校で46編、中学校で35編であり、人権課題「女性」と同様に、小学校と中学校の教科書に高齢者に関する教材の内容が必ず取り扱われている傾向にある。人権課題「障害者」に関連している教材は、東京書籍が12編、学校図書9編、教育出版9編、光村図書10編、日本文教出版13編、学研14編、廣済堂あかつき12編、光文書院3編、日本教科書8編の合計で90編の教材が確認できる。なお、すべての教科書会社が障害者に関する教材を取り扱っている。その多くは障害者理解に関する教材であるとともに、パラリンピックに出場した選手の生き方や、障害を乗り越えていく生き方を取り上げて、バリアフリーやノーマライゼーションに関する理解と関連している教材が多く取り扱われている。また、小学校で39編、中学校で51編の教材が確認できる。人権課題「女性」「高齢者」「障害者」に関連している読み物教材は、すべての教科書会社が小・中学校用の教材として掲載している。

　一方、表1-3から、人権課題「同和問題」と「拉致問題」に関連している教材は確認できなかった。また、人権課題「アイヌの人々」、「HIV感染者・ハンセン病患者・元患者等」、「出所した人」、「その他」は、前述した人権課題

と比較すると掲載数が極端に少ない傾向にあるが、上記の人権課題に関連している教材を確認できる。例えば、人権課題「アイヌの人々」に関連している教材を教育出版が掲載しており、「HIV 感染者・ハンセン病患者・元患者等」に関連している教材は、光村図書が掲載している。また、「刑を終えて出所した人」は、教育出版や学研の教科書から確認できるとともに、「犯罪被害者等」も教育出版から確認できる。そして、「その他」（性同一性障害や性的指向・性自認、水俣病被害者に関する差別や偏見、ホームレスの人権、原発事故の放射能による風評被害）に関連している教材は、学校図書や教育出版、日本教科書が掲載しており、様々な人権課題に関連している教材が道徳科教科書に掲載されていることを確認することができた。

　上記のことから、道徳科教科書には、社会状況を加味しながら多様な人権課題に関連している読み物教材が掲載されているといえよう。

第 4 節　道徳科教科書と人権課題の関連性についての考察

　本章では、道徳科が新設に伴って創刊された道徳科教科書の分析を通して、人権課題と関連性がある読み物教材が初等中等教育の実践の場に普及されている状況を検討してきた。前節の調査結果から、人権教育と道徳科は双方の連動を図る機会が拡張されている傾向にあることが考察できる。その理由として、大きく 2 点を示したい。

　1 点目は、道徳科の新設により、人権課題に関連している教材が掲載されている道徳科教科書を主たる教材として使用する義務が生じている点にある。表 1-3 から、道徳科教科書には、人権課題「子供」、「外国人」、「インターネットによる人権侵害」に関連している教材が、児童・生徒の学年に応じて、計画的に教材が掲載されていることが確認できる。また、人権課題「女性」に関連している教材がすべての教科書会社で 3 編以上掲載されていることが確認できるとともに、「高齢者」に関連している教材は 6 編以上、「障害者」に関連している教材は 3 編以上掲載されていることが確認できる。また、人権課題「アイヌの人々」、「HIV 感染者・ハンセン病患者・元患者等」、「出所した人」、「その

他」のように様々な人権課題に関連している教材が道徳科教科書に掲載されていることも確認できる。

　なお、人権課題に関する学習については、必ずしも道徳科で扱うことが定められているわけではない。しかしながら、使用義務が生じる道徳教科書に「人権教育指導資料における指導例示の分類」（梅野，2013）[50] に関連している教材が掲載されていることは、道徳科の新設によって人権課題と関連性がある道徳授業の機会が普及する傾向にあるといえよう。

　2点目は、道徳科教科書には、社会状況を加味しながら新たに生起する人権問題に関連している読み物教材が導入されている点にある。表1-3から、道徳科教科書には「性同一性障害や性的指向・性自認について」に関する教材等が掲載されており、新たに生起する現代的な差別や偏見に関する人権問題に関する教材が掲載されていることが確認できる。なお、文部科学省は、新たに生起する人権問題や、その他の課題についても、それぞれの問題状況に応じて、必要な取組みを行っていくことを支援していくために、「第三次とりまとめ」の「補足資料」[51] を刊行し、社会の変化に伴い、人権教育を常に更新していく姿勢を打ち出している。

　こうした点を踏まえれば、新たに生起する現代的な差別や偏見に関する人権問題への取組みに関する教材が道徳科教科書に掲載されていることは、道徳科が社会状況を加味しながら、人権教育の推進に寄与している側面を備えていると捉えられる。

　以上のことから、道徳科が新設されて創刊された道徳科教科書に人権課題と関連性がある相当数の読み物教材を確認できると共に、社会状況を加味しながら新たに生起する人権問題に関連している読み物教材が導入されていることからも、人権教育と道徳科は双方の連動を図る機会が道徳科の新設によって拡張されていることが考察できる。すなわち、道徳科の新設は人権教育と道徳授業の連動を図る機会を拡張することにつながり、双方の連動に向けて重要な転換点となったことが考察できる。

　一方で、道徳科教科書は人権課題と関連性がある道徳教材を供給しているものの、人権課題ごとの教材数には偏重が生じている。とりわけ、道徳科教科

書からは人権課題「拉致問題」や「同和問題」の道徳教材は抽出されなかった。そのため、道徳科教科書の使用だけでは、個別の人権課題を題材にした道徳授業の展開を計画的に推進していくことには限界がある。

　こうした中、梅野（2013）の調査報告に着目すると、人権教育指導資料には、人権課題「同和問題」と、「拉致問題」を道徳授業として展開していく際の指導例示が掲載されていることが確認できる。また、他にも多様な人権課題に関する道徳授業の指導例示が豊富に掲載されており、人権教育指導資料を活用することによって、道徳科教科書に掲載されていない人権課題に関する道徳授業を展開することが可能となる。

　なお、道徳科の新設後に実施された「道徳教育実施状況調査」によれば、地方公共団体が作成した資料は道徳科教科書に次いで道徳教育の充実に向けて参考とされていることが報告されている[52]。2000 年に施行された「人権教育及び人権啓発の推進に関する法律」の第 5 条「地方公共団体は、基本理念にのっとり、国との連携を図りつつ、その地域の実情を踏まえ、人権教育及び人権啓発に関する施策を策定し、及び実施する責務を有する」と明示されており、地方公共団体は人権教育の推進に向けて道徳教材を供給していることが推察される。すなわち、人権教育と道徳科の連動を推進していく機会をさらに強化していくためには、人権教育指導資料における人権教育と道徳科の連動を図る際の傾向や特色に関する知見が重要な観点になり得ると捉えられる。そこで、次章では、地方公共団体が開発した人権教育指導資料に掲載されている道徳教材に着目し、その傾向と特色を検討していく。

注

41)　梅野正信・蜂須賀洋一「『特別の教科 道徳』の教科書に見る人権教育関連題材の研究」、上越教育大学研究紀要、39 巻、第 2 号、2020 年、233-246 頁。

42)　文部科学省・人権教育の指導方法等に関する調査研究会議「人権教育の指導方法等の在り方について［第三次とりまとめ］実践編〜個別的な人権課題に対する取組〜」、文部科学省公式 HP「https://www.mext.go.jp/b_menu/shingi/chousa/shotou/024/report/attach/__icsFiles/afieldfile/2016/05/11/1370730_001.pdf」（2022.10.20 検索）、2008 年、3 頁。

43)　梅野（2013）は人権課題ごとの学習内容の特徴を人権課題ごとに以下のようにカテゴリー

化している。①「女性」(「家庭における性的役割分業について考えさせる指導例示」、「学校における性的役割分業について考えさせる指導例示」、「社会における男女共同参画について考える指導例示」、「DV 等について考えさせる指導例示」)、②「子ども」(「いじめや差別問題に関する指導例示」、「児童の権利に関する条約に関する指導例示」、「児童虐待問題に関する指導例示」)、③「高齢者」(「高齢者に関する指導例示」)、④「障害者」(「障害者問題を考える学習の指導例示」、「バリアフリーノーマライゼーションに関する学習の指導例示」、「体験を通した学習の指導例示」、「特別支援学校、特別支援学級との交流学習に関する指導例示」、「特別支援学校における人権教育」)、⑤同和問題(「歴史的学習に関する指導例示」、「社会的差別等に関する指導例示」)、⑥「アイヌの人々」(「アイヌの人々に関する指導例示」)、⑦「外国人」(「相互理解を目的とする指導例示」、「外国人差別に関する学習の指導例示」、「在日韓国・朝鮮人等に関する学習の指導例示」)、⑧「HIV 感染者・ハンセン病患者・元患者等」(「HIV 感染病問題に関する指導例示」、「ハンセン病問題に関する指導例示」)、⑨「刑を終えて出所した人」(「刑を終えて出所した人に関する指導例示」)、⑩「犯罪被害者等」(「犯罪被害者等に関する指導例示」)、⑪「インターネットによる人権侵害」(「インターネットによる人権侵害に関する指導例示」)、⑫「北朝鮮に当局による拉致問題等」(「北朝鮮当局による拉致問題等に関する指導例示」)、⑬「その他」(「その他の人権課題に関する指導例示」)。詳細に関しては、梅野（2013）を参照されたい。

44) 前掲（12）、62-72 頁。

45) 本研究では、各教科書会社が刊行している各学年の教科書や、各学年の教師用指導書、内容解説資料を主な資料として調査した（東京書籍「新しい道徳 6 教師用指導書 研究編」2018 年／「新しい道徳 3 教師用指導書研究編」2019 年、学校図書「かがやけみらい 6 年 小学校道徳 読みもの活動 教師用指導書解説編」2018 年／「輝け未来 中学校道徳 3 年 教師用指導書展開編」2019 年、教育出版「小学道徳 6 はばたこう明日へ 教師用指導書 解説・展開編」2018 年／「とびだそう未来へ 中学道徳 教師用指導書 解説・展開編」2019 年、光村図書出版「小学校道徳学習指導書「特別の教科 道徳」の授業をはじめよう！6」2018 年／「中学校道徳 学習指導書「特別の教科 道徳」はじめの一歩」2019 年、日本文教出版「小学校道徳 生きる力⑥教師用指導書研究編」2018 年、／「中学校道徳 あすを生きる③ 教師用指導書 解説編」2019 年、学研「みんなの道徳 6 年 教師用指導書 研究編」2018 年／「中学生の道徳 明日への扉 3 年 教師用指導書 研究編」2019 年、廣済堂あかつき「みんなで考え、話し合う小学生の道徳6 教師用指導書 実践編」2018 年／「中学生の道徳 自分をのばす3 教師用指導書 実践編」2019 年、小学 道徳 ゆたかな心 6 年 教師用指導書研究編、日本教科書「道徳中学校 3 年 生き方を創造する 教師用指導書 研究編」2019 年等）。また、現代的課題との関連に関する表記や他教科・領域との関わり、テーマや重点事項に関する記載事項について、東京書籍では、「いじめ問題対応教材」や、「情報モラル対応教材」、「国際理解教育」、「福祉教育」、「人権・いじめ」、「福

祉・ボランティア」等に関する記載事項を主に参照した。学校図書では、「いじめの防止」、「福祉に関する教育」、「国際理解教育」、「情報モラル」、「共生・共助」等の記載事項を主に参照した。教育出版では、「いじめ問題への対応」、「いじめ防止」、「情報モラル教育」、「国際理解教育」、「福祉教育」、「生命尊重」等に関する記載事項を主に参照した。光村図書では、「いじめ問題」、「共生」、「国際理解教育」、「情報モラル」、「福祉に関する教育」等に関する記載事項を主に参照した。日本文教出版では、「いじめ対策」、「情報モラル」、「国際理解」、「持続可能社会」、「人権教育、障害者理解、高齢者福祉」等の記載事項を主に参照した。学研では、「いじめ防止」、「情報モラル」、「福祉に関する教育」、「国際理解教育」等に関する記載事項を主に参照した。廣済堂あかつきでは、「いじめ防止の指導、人権教育」、「福祉教育」、「国際理解教育」、「情報モラル教育」等に関する記載事項を主に参照した。光文書院では、「いじめ」、「情報モラル」、「人との共生」等を参照した。日本教科書では、「いじめ防止」、「情報モラル」、「LGBT」等を参照した。

46)　前掲 (12)、62-72 頁。

47)　河野辺貴則「人権教育を通じて育てたい資質・能力の構成要素に関する実証的研究 ―「特別の教科 道徳」の授業分析を中心に ―」、兵庫教育大学大学院連合学校教育学研究科（博士論文）、2021 年。

48)　前掲 (6)。

49)　文部科学省『中学校学習指導要領（平成 29 年告示）解説　特別の教科 道徳編』、2018 年。

50)　前掲 (12)、62-72 頁。

51)　文部科学省「人権教育を取り巻く諸情勢について〜人権教育の指導方法等の在り方について〔第三次とりまとめ〕策定以降の補足資料〜」2022 年。

52)　前掲 (15)、22-23 頁。

第2章
道徳教材としての人権教育指導資料の役割

第1節　人権教育指導資料と道徳授業

　「人権教育・啓発に関する基本計画」に明示されている個別的な人権課題に対する取組みの一つとして、地方公共団体（都道府県および政令指定都市教育委員会）は地域の実情に合わせて人権教育指導資料を作成している。当該資料は、日本における人権課題をめぐる問題状況を国民的課題として共有し、解決に向けた素材を公的に提供する役割を担っている[53]。また、道徳授業の実践によって人権教育を推進しているという学校数が58.9%（N=1,637）[54]であると共に、地方公共団体が作成した資料が道徳科教科書に次いで道徳教育の充実に向けて参考とされている資料であることが報告[55]されていることから、人権教育と道徳授業の連動を図る道徳教材として重要な位置付けにある。

　一方、人権教育指導資料は社会の変化や教育課程の改訂、地域の実像に合わせて刊行されており、当該資料の内容構成や刊行の頻度は地方公共団体ごとに差異が生じている。そのため、道徳科の新設という転換期を含めて、人権教育指導資料が道徳科との連動に向けて果たしてきた役割については、これまで検討されてこなかった。また、人権教育指導資料を使用した際の道徳科としての授業実践が実際にどのような役割を果たしたのかも曖昧であり、実践的なデータに基づいて検討されてこなかったことも課題として挙げられる。こうした課題を乗り越えるためには、道徳科の新設に向けて継続的に人権教育指導資料を供給し続けてきた地方公共団体の取組みや、個別の人権課題を題材とした

実際の道徳授業が果たしてきた役割を実践的な側面から帰納的に検討していく必要がある。

　こうした課題がある中で、人権教育指導資料に関する全国的な取扱状況の調査結果[56]に着目すると「第三次とりまとめ」が公表されてから毎年度改訂し続けられている唯一の人権教育指導資料は、東京都教育委員会が作成している『人権教育プログラム（学校教育編）』（以下、「人権教育プログラム」と表記）であることが読み取れる。そこで、東京都教育委員会が作成した「人権教育プログラム」に着目してみると、各学校が人権教育を推進するために、校種や各教科等おける人権教育の在り方や実践に関する留意点や道徳教材ならびに指導例示が掲載されていることも確認できる。また、東京都人権施策推進指針に示されている人権課題に関する個別的な視点との関連性も確認できる。上記のことから、当該資料は道徳教育の転換期の中で、人権教育と道徳授業の連動に向けた道徳副教材としての役割を果たしてきたことが推察される。上記のことから、本章では、東京都教育委員会が作成した「人権教育プログラム」に着目し、道徳教育の転換期における人権教育と道徳授業の接合点を帰納的な観点から検討することを試みる。

第2節　人権教育プログラムに掲載されている道徳教材の動向

（1）道徳教材ならびに指導例示数の傾向

　本書では「第三次とりまとめ」が公表された2008年度から2022年度までに刊行された「人権教育プログラム」を収集し、人権教育指導資料に掲載されている道徳科の全面実施に向けて開発されてきた道徳教材ならびに指導例示の傾向や特色を検討する。

　2008年度から2022年度までに刊行された「人権教育プログラム」に掲載されている道徳授業の指導例示数を年度ごとに整理したものが表2-1である。

　表2-1から、「人権教育プログラム」には、東京都人権施策推進指針に設定されている「女性」、「子供」、「高齢者」、「障害者」、「外国人」、「HIV感染者・ハンセン病患者等」、「犯罪被害者やその家族」、「インターネットによる人権侵

表 2-1　道徳授業の指導例示数

資料名	「人権教育プログラム」														
教育課程	道徳の時間							道徳科（移行措置）			道徳科（中学校は2019年度より実施）				
刊行年度＼人権課題等	2008	2009	2010	2011	2012	2013	2014	2015	2016	2017	2018	2019	2020	2021	2022
女性					1		1					1			
子供			1						1				1	1	1
高齢者					1			1	1			1	1	1	1
障害者	1			1					1	1	1				
同和問題															
アイヌの人々															
外国人						1									1
HIV 感染者・ハンセン病患者等		1	1								1				
犯罪被害者やその家族		1	1					1		1	1			1	
インターネットによる人権侵害					1										
北朝鮮による拉致問題				1						1			1	1	1
災害に伴う人権問題															
ハラスメント															
性同一性障害者・性的指向														1	1
路上生活者							1					1			1
感染症に関わる人権問題（新型コロナウイルス感染症に関連する偏見や差別意識の解消）														1	
合計数	1	2	3	2	3	1	2	2	3	3	3	3	3	6	6

害」、「拉致問題」、「性自認・性的指向」、「路上生活者」、「感染症に関わる人権問題（新型コロナウイルス感染症に関連する偏見や差別意識の解消）」を題材とした道徳教材ならびに指導例示（43編）を学校教育の実践の場に供給してきたことがわかる[57]。また、「第三次とりまとめ」以降に提供してきた指導例示を一覧表に整理しており、道徳教材ならびに指導例示を一続きの刊行物として、学校教育の実践の場に供給する役割を果たしていることが読み取れる。すなわち、「人権教育プログラム」は、「第三次とりまとめ」が公表されてから、2022年まで長期間にわたって人権教育と道徳授業との連動を図るための道徳教材としての役割を担ってきたことが考察できる。

　さらに、2015年に改定された「東京都人権施策推進指針」に人権課題として設定された「災害に伴う人権問題」や、「ハラスメント」、「性同一性障害者・性的指向」、「路上生活者」に関する指導例示も継続的に掲載されていることが確認できる。とりわけ、平成23年に「人権教育・啓発に関する基本計画」に新たな人権課題として、「拉致問題」が追加された同年の人権教育資料に指導例示が掲載されていることは、「人権教育プログラム」が同計画の推進と連動を図っているといえる。なお、2017年に刊行された資料から、2015年3月一部改正の学習指導要領に基づいて「特別の教科 道徳」と表記されており、内容項目の表記が現行の学習指導要領と同一のものに変更されていることも確認できる。

　こうした点をふまえれば、「人権教育プログラム」は立法措置や地域の実情を踏まえつつ、社会情勢の変化に対応する人権教育施策の推進に向けて内容構成が図られており、社会情勢の変化を考慮しながら学校教育の実践の場に人権課題を題材にした道徳教材ならびに指導例示を供給してきたといえる。すなわち、「人権教育プログラム」は道徳科の新設前から、個別の人権課題を取り上げた道徳教材ならびに指導例示を開発し、道徳授業との連動を図るための道徳教材を供給する役割を長期間かつ継続的に担ってきたといえよう。

　なお、道徳科の全面実施の時期においては、2021年度と2022年度に刊行された「人権教育プログラム」には、道徳教材ならびに指導例示が6編ずつ掲載されており、道徳科の全面実施の時期を迎えて教材開発が活発になってきてい

る傾向にある（表2-1）。すなわち、「人権教育プログラム」には、人権教育と道徳授業の接合点を提示しながら、人権教育と道徳科の連動を図るための教材開発を推進していると捉えられる。そこで、道徳科が全面実施された2018年度～2022年度の「人権教育プログラム」の指導例示の記載事項に着目し、人権教育と道徳授業の接合点について検討していく。

（2）　人権教育と道徳授業の接合点

　道徳科の全面実施である2018年度以降の「人権教育プログラム」には、「主題名」や、「内容項目」、「ねらい」、各教科等の単元や題材に関わる「人権教育の視点」[58]、「人権課題等との関連」が明示されていることが確認できる。それらを一覧に整理したものが表2-2である。

　表2-2から、道徳授業の内容として4つの視点を基にした「内容項目」や、「人権教育を通じて育てたい資質・能力」を育成していくことを明確にするための「人権教育の視点」が人権課題を題材とした道徳教材並びに指導例示のすべてに明示されていることがわかる。なお、2008年度から2017年度に刊行された「道徳の時間」に関する道徳教材ならびに指導例示においても上記の点について掲載されていることが確認できた。こうした点から、「人権教育プログラム」においては、道徳的諸価値の理解を自覚することに向けた「内容項目」と「人権教育を通じて育てたい資質・能力」の育成に向けた留意点が、人権教育と道徳授業が連動を図る上での接合点として「道徳の時間」や「道徳科」の指導例示に位置付けられてきたといえる。

　また、「人権教育プログラム」には、「感染症に関わる人権問題（新型コロナウイルス感染症に関連する偏見や差別意識の解消）」を題材とした指導例示が掲載されており、新型コロナウイルスの感染者等に対する偏見や差別の解消に向けた態度を育むことをねらいとした道徳教材並びに指導例示を供給していることが確認できる。さらに、「性同一性障害者・性的指向」や「拉致問題」を題材にした道徳教材並びに指導例示が掲載されていることも確認できる。すなわち、「内容項目」と「人権教育を通じて育てたい資質・能力」の育成を人権教育と道徳授業の接合点として明示し、地域社会における新たな人権問題や学

表 2-2 「人権教育プログラム」における道徳教材ならびに指導例示（道徳科）

年度	対象	主題名　内容項目 教材名	ねらい	「人権教育の視点」	人権課題等との関連（東京都人権施策推進指針）
2018年	小学校第六学年	【家族の支え】C　家族愛，家庭生活の充実 ・北朝鮮による日本人拉致問題―1日も早い帰国実現に向けて！―（政府拉致問題対策本部） ・北朝鮮による日本人拉致問題啓発アニメ「めぐみ」（政府拉致問題対策本部） ・横田早紀江さんの言葉「めぐみ，お母さんがきっと助けてあげる」（自作資料：東京都教育委員会）	父母，祖父母を敬愛し，家族が相互に深い信頼関係で結ばれていることを考え，家族の一員として家族の幸せを求めて，進んで役に立とうとする態度を育てる。	拉致被害者，拉致被害者家族の現状を知り，その悲しみや苦しみに共感させることを通して，家族の幸せを求めとうとする心情や態度を育てる。	北朝鮮による拉致問題
	中学校第一学年	【互いに支え合って生きる】B　思いやり，感謝 「私たちにできること」DVD（内閣府犯罪被害者等施策推進室）	思いやりの心をもって人と接するとともに，家族の支えや多くの人々の善意により人々の生活や現在の自分があることに感謝し，進んでそれに応え，人間愛の精神を深める。	誰もが犯罪被害者に成り得ることに気付き，犯罪被害者やその家族が受ける心身の苦痛を自分自身の問題として受け止めることを通して，人権を守る大切さや命の尊厳について深く考え，思いやりの心をもって接しようとする態度を育てる。	犯罪被害者やその家族
	中学校第三学年	【心の壁をなくすために】C　公正，公平，社会正義 ・「未来への虹―ぼくのおじさんは，ハンセン病―」DVD（文部科学省特別選定人権啓発ビデオ） ・「ハンセン病の向こう側」（厚生労働省） ・「ハンセン病と差別」（中学生の感想文）	正義と公正さを重んじ，誰に対しても公平に接し，偏見や差別のない社会の実現に努める。	ハンセン病患者等に対する偏見や差別と，その解消に向けた取組みを理解し，ハンセン病患者等の思いを考えることを通して，よりよい社会を実現するために，偏見や差別を解消しようとする心情や態度を育てる。	HIV感染者・ハンセン病患者等
2019年	小学校第六学年	【祖父母を敬愛する心】C　家族愛，家庭生活の充実 「おばあちゃんの背中」	祖父母を敬愛し，家族のために自分が進んで役に立とうとする心情を育てる。	高齢者に対する主人公の態度について考えることを通して，高齢者に対して先入観や偏った見方をもたず，尊敬や感謝を込めて接しようとする心情を育てる。	高齢者
	中学校第一学年	【自己の成長の実感】A　向上心，個性の伸長 「私だって」	自己の能力や適性，興味・関心，性格といった様々な個性を伸ばし，充実した生き方を求めようとする態度を育てる。	固定的な性別役割分担意識にとらわれず，男女が互いに自分のよさを発揮し，共に豊かな社会を築こうとする態度を育てる。	女性

年度	対象	主題名　内容項目　教材名	ねらい	「人権教育の視点」	人権課題等との関連（東京都人権施策推進指針）
2019年	中学校第二学年	【偏見や差別のない社会を目指して】C　公正, 公平, 社会正義「傍観者でいいのか」	いじめられる側の心情を理解することや共感することを通して、いじめは人間として絶対に許されない行為であることを認識するとともに、不正な行為には、勇気をもって立ち向かい、よりよい社会を実現していこうとする態度を育成する。	いじめが人権侵害であることを理解することを通して、自己中心的な考えから脱却し、自分との関わりや、集団や社会の中における自分の立場について考え、誰もが個人として尊重される学校や社会を実現していこうとする態度を育てる。	子供
2020年	小学校第六学年	【祖父母を敬愛する心】C　家族愛, 家庭生活の充実「おじいちゃんに学んだこと」	祖父母を敬愛し、家族のために進んで役に立とうとする心情を育てる。	高齢者に対する主人公の態度について考えることを通して、高齢者に対する偏見を改め、敬愛の気持ちを大切にしようとする心情を育てる。	高齢者
		【偏見や差別のない社会の実現】C　公正, 公平, 社会正義「だれかのそばで on the other side」DVD（東京都教育委員会）	誰に対しても公正、公平にし、偏見や差別のない社会を実現しようとする心情を育てる。	路上生活者の実態や、支援に関わる人々の活動を知ることを通して、社会に路上生活者に対する偏見や差別があることについて理解し、それを解消していこうとする心情を育てる。	路上生活者
	中学校第一学年	【社会の在り方】C　公正, 公平, 社会正義「あなたには見えていますか」	社会の在り方について関心を向け、身近にある偏見や差別に気付き、偏見や差別をなくそうとする態度を養う。	視聴覚障害者と点字ブロックに関する資料を通して、社会の在り方について関心を向けさせ、自分自身の問題として捉えさせることで、偏見や差別に気付かせ、公正で公平な社会の実現に努めようとする態度を養う。	障害者
2021年	小学校第六学年	【だれとでも仲良く】C　公正, 公平, 社会正義「ユリのうしろ姿」（自作資料）	誰に対しても差別をすることや偏見をもったり差別をもつことなく公正、公平な態度で接し、正義の実現に努めようとする態度を育てる。	いじめは、誰にでも起こりうるものであることを認識するとともに、いじめの理不尽さを理解させることを通して、いじめをしない、いじめを見過ごさないという態度を育む。	子供
	中学校第三学年	【家族とともに】C　家族愛, 家庭生活の充実「一冊のノート」（文部科学省）	祖母の家族への思いに触れた私の気持ちを考えることを通して、家族に敬愛の念をもって接し進んで役に立とうとする実践意欲や態度を育てる。	高齢者に対する主人公の態度について考えることを通して、高齢者に対して偏見をもたず、敬愛の気持ちを大切にしようとする態度を育てる。	高齢者

年度	対象	主題名　内容項目　教材名	ねらい	「人権教育の視点」	人権課題等との関連（東京都人権施策推進指針）
2021年	中学校第二学年	【家族の深い絆】C　家族愛，家庭生活の充実「兄の声が聞こえる」（自作資料）	信頼関係や愛情によって互いが深い絆で結ばれている家族の一員としての自覚をもって，充実した家庭生活を築いていこうとする心情を育てる。	犯罪被害者の家族の姿を描いた教材から，かけがえのない家族の一人を失ってしまった主人公の思いを考えることを通して，犯罪被害者の家族に対する周囲の不用意な発言や，配慮に欠ける態度がもたらす人権上の課題への理解を深めさせる。	犯罪被害者やその家族
	小学校第六学年	【家族の支え】C　家族愛，家庭生活の充実・北朝鮮による日本人拉致問題1日も早い帰国実現に向けて！（政府拉致問題対策本部）・北朝鮮による日本人拉致問題啓発アニメ「めぐみ」（政府拉致問題対策本部）・横田早紀江さんの言葉「めぐみ，お母さんがきっと助けてあげる」（自作資料：東京都教育委員会）	父母，祖父母を敬愛し，家族が相互に深い信頼関係で結ばれていることを考え，家族の一員として家族の幸せを求めて，進んで役に立とうとする態度を育てる。	拉致被害者，拉致被害者家族の現状を知り，その悲しみや苦しみに共感させることを通して，互いに認め合い，尊重し合いながら共に進んで役に立とうとする心情や態度を育てる。	北朝鮮による拉致問題
	中学校第三学年	【互いに尊重しよう】B　相互理解，寛容「『同じじゃない』から…。」（自作資料：東京都教育委員会）	見方や考え方の多様性や存在の独自性を認め，相手の考え方や立場を尊重して行動しようとする態度を育む。	多様な性の在り方を含む人それぞれの違いや多様性について考え，話し合うことを通して，互いに認め合い，尊重し合いながら共に生きようとする態度を育む。	性同一性障害者・性的指向」
	小学校第五学年	【新型コロナウイルス感染症に関連する偏見や差別をなくすために】C　公正，公平，社会正義「まるでウイルスみたいに…。」（自作資料：東京都教育委員会）	誰に対しても偏見をもつことなく，差別せず，公正，公平に行動し，正義の実現に努める態度を養う。	新型コロナウイルス感染者や医療従事者等に対する偏見や差別について考えることを通して，誰に対しても偏見をもつことや差別をすることなく，積極的に解消しようとする態度を育む。	感染症に関わる人権問題（新型コロナウイルス感染症に関連する偏見や差別意識の解消）
2022年	中学校第三学年	【偏見や差別をなくすために】C　公正，公平，社会正義「まるでウイルスみたいに…。」（自作資料：東京都教育委員会）	正義と公正さを重んじ，いじめを許さない意識をもち，偏見や差別のない社会の実現に努めようとする態度を育てる。	新型コロナウイルス感染症に関連するいじめ等について考えることを通して，誰に対しても偏見をもつことや差別をすることなく，公平で公正な社会の実現に積極的に努めようとする態度を育む。	子供

年度	対象	主題名　内容項目　教材名	ねらい	「人権教育の視点」	人権課題等との関連（東京都人権施策推進指針）
2022年	小学校第五学年	【共に生きる】C　公正，公平，社会正義「長野さんとぼく。」（自作資料：東京都教育委員会）	身近に偏見や差別があることに気付き，公正・公平な見方や態度をもって，社会を構成する一員として様々な人と共に生きていこうとする態度を育てる。	高齢者と関わる中で，自らの行動や考え方を見つめ直す主人公の気持ちを考えることを通して，高齢者に対する偏見や差別意識をもたず，公正・公平な社会の実現に向け，努力しようとする態度を育てる。	高齢者
	小学校第六学年	【だれとでも仲良く】C　公正，公平，社会正義「ドンマイ」（自作資料：東京都教育委員会）	誰に対しても差別をすることや偏見を持つことなく，公正，公平な態度で接し，正義の実現に努めようとする態度を育てる。	海外からの転入生にどう接していけばよいのか揺れ動く主人公の気持ちを考えることを通して，外国人に対する偏見や差別意識をもつことなく，公正・公平に接しようとする態度を養う。	外国人
	中学校第三学年	【家族との絆】C　家族愛，家庭生活の充実・北朝鮮による日本人拉致問題―1日も早い帰国実現に向けて！―（政府拉致問題対策本部）・北朝鮮による日本人拉致問題啓発アニメ「めぐみ」（政府拉致問題対策本部）・横田早紀江さんの言葉「めぐみ，お母さんがきっと助けてあげる」（自作資料：東京都教育委員会）	北朝鮮当局による拉致問題の概要を知り，拉致被害者と被害者家族の心情から，我が子に対する親の思いに気付くことで，我が子の成長を願い，惜しみない愛情をもって育ててくれる父母や祖父母に対する敬愛の念を深め，家族の一員としての自覚をもち，充実した家庭生活を築こうとする心情を養う。	拉致被害者，拉致被害者家族の現状を知り，その悲しみや苦しみに共感させることを通して，人権を尊重する心情や態度を育てる。	北朝鮮による拉致問題
	小学校第五学年	【相手を理解する心】B　相互理解，寛容「ぼくの友達」（自作資料：東京都教育委員会）	自分と異なる考え方を尊重し，大切にしようとする心情を育てる。	相手を理解していくために必要なことを考える活動を通して，自分と異なる意見や立場を尊重し大切にしようとする心情を育てる。	性同一性障害者・性的指向
	中学校第二学年	【偏見や差別のない社会の実現】C　公正，公平，社会正義・「だれかのそばで on the other side」DVD（東京都教育委員会）・「3人のエピソード」／「路上生活者（ホームレス）に対する事件」（自作資料：東京都教育委員会）	正義と公正さを重んじ，誰に対しても公平に接し，偏見や差別のない社会を実現しようとする心情を育てる。	路上生活者（ホームレス）が路上生活に至るまでには，多様な理由があること等について考える活動を通して，路上生活者に対する差別的な行為が，いかに相手の人格を傷つけているかに気付き，相手の立場を理解しようとする心情と，偏見や差別をなくそうとする態度を育てる。	路上生活者

＊主題名：【　】、内容項目：アルファベットは4つの視点
　教材：「　」と表示している

校や人権を取り巻く社会情勢の変化に対応していくための道徳教材開発を図ってきたといえよう。

第3節　人権課題を題材にした道徳教材と内容項目

　「人権教育プログラム」は、「第三次とりまとめ」に基づき、東京都人権施策推進指針に設定されている個別の人権課題を題材にした道徳教材ならびに指導例示を毎年度継続的に供給してきた。それらの道徳教材ならびに指導例示に設定されている内容項目を年度ごとに整理したものが表2-3である。

　表2-3から人権教育プログラムに掲載されている人権課題を題材にした道徳教材ならびに指導例示では、「公正，公平，社会正義」（内容項目）が道徳教材並びに指導例示の半数を占めていることが確認できる。つまり、「人権教育プログラム」は、社会情勢の変化や教育課程の変化に柔軟に対応しつつ、人権教育と道徳授業の連動を図るための接合点として「公正，公平，社会正義」を中心として道徳教材を供給してきたといえる。こうした点は、文部科学省が人権教育における道徳の時間（道徳科）の目標として「差別や偏見に気付かせ、人間尊重の精神を育てる」[59] ことを明示している点と重なり合っており、内容項目「公正，公平，社会正義」は人権教育と道徳授業の接合点として国内に広く認識されている傾向にあると捉えられる。

　なお、第1章で抽出した道徳科教科書に掲載されている人権課題を題材とした読み物教材においても、教師用指導書には「公正，公平，社会正義」が設定されている場合がある。例えば、「だれもが幸せになれる社会を」（光村図書編集委員会，2018）[60] は、人権課題を題材に差別に苦しんできたハンセン病患者に学習者が自我関与することを通して、差別や偏見をもつことなく公正・公平な社会の実現に向けて道徳性を養うことが特徴として挙げられる。

　そして、当該資料のねらいには、「ハンセン病の歴史や、ハンセン病患者であるきみ江さんの思いを通して、誰もが幸せになれる社会とはどんなものか考えさせ、正しい知識をもち、誰に対しても差別や偏見をもつことなく、公正・公平な態度で接し、正義の実現に努めようとする実践意欲と態度を育てる」と

表 2-3 人権課題を題材にした道徳教材ならびに指導例示の内容項目

資料名／教育課程／刊行年度 「」：人権課題等 （）：内容項目	人権教育プログラム 道徳の時間 2008	2009	2010	2011	2012	2013	2014	道徳科（移行措置） 2015	2016	2017	道徳科（中学校は2019年度より実施） 2018	2019	2020	2021	2022
「女性」（相互理解・寛容）（友情・信頼）（向上心，個性の伸長）					相互		友情					向上			
子供（公正，公平，社会正義）		公正						公正			公正			公正	公正
「高齢者」（公正，公平，社会正義）（家族愛・家庭生活の充実）			公正					家族	公正		家族		家族	家族	公正
「障害者」（公正，公平，社会正義）	公正				公正				公正	公正		公正			
「同和問題」															
「アイヌの人々」															
「外国人」（公正，公平，社会正義）						公正									公正
「HIV 感染者・ハンセン病患者等」（公正，公平，社会正義）		公正	公正							公正					
「犯罪被害者やその家族」（家族愛・家庭生活の充実）（思いやり，感謝）	家族	思いやり						家族		家族		思いやり		家族	
「インターネットによる人権侵害」（規則の尊重）					規則										
「北朝鮮による拉致問題」（家族愛・家庭生活の充実）			家族						家族	家族			家族	家族	家族
「災害に伴う人権問題」															
「ハラスメント」															
「性自認・性的指向」（相互理解・寛容）														相互	相互
「路上生活者」（公正，公平，社会正義）						公正							公正		公正
「感染症に関わる人権問題（新型コロナウイルス感染症に関連する偏見や差別意識の解消）」（公正，公平，社会正義）													公正		

記述されており、内容項目「公正，公平，社会正義」が明確に設定されている。つまり、道徳科の主たる教材である道徳科教科書に掲載されている人権課題を題材とした読み物教材においても、内容項目「公正，公平，社会正義」が人権教育と道徳科が連動していく際の接合点として提示されていることがわかる。なお、この点の詳細については、次章以降で改めて述べることにする。

　こうした中、「公正，公平，社会正義」に次いで、道徳科との連動を図る接合点として設定されている内容項目は、「家族愛，家庭生活の充実」であることが確認できる（表2-3）。とりわけ、「拉致問題」に関する道徳教材に関しては、「家族愛，家庭生活の充実」が道徳科への移行措置期間や道徳科の全面実施後の2022年度まで継続的に人権教育と道徳授業の接合点として設定されており、「人権教育・啓発に関する基本計画」に新たに追加された人権課題と道徳授業を連動していく接合点としての役割を担ってきたことが読み取れる。また、拉致問題対策本部と文部科学省は若い世代への拉致問題への理解促進に向けて、初等中等教育機関に向けて「拉致問題」に関する視聴覚教材を活用した道徳授業の実践例を明示していることから、人権教育と道徳授業が連動していくことを推進していくと共に、双方の接合点として「家族愛，家庭生活の充実」への親和性が全国的に周知されたと捉えられる[61]。

　一方で、「拉致問題」を題材にした読み物教材は道徳科教科書に掲載されておらず、当該授業が「家族愛，家庭生活の充実」と親和性を保つことが認識されているとは言い難い状況がある。つまり、「拉致問題」を題材にした道徳授業は、人権教育と道徳授業との連動を図る事例として全国的に周知されているものの、道徳科の趣旨や教科としての特質との親和性を保っているのかは検討の余地があるといえよう。

第4節　「拉致問題」を題材にした指導例示の構成要素

（1）「拉致問題」を題材にした道徳教材ならびに指導例示の特色

　本章では、「人権教育プログラム」が教育課程の変化や社会情勢の変化に柔軟に対応しつつ、人権教育と道徳科の連動を図るための道徳教材ならびに指導

例示を継続的に供給する役割を担ってきたことを確認した。一方で、人権課題を題材とした道徳教材が、道徳科の趣旨や教科としての特質との親和性を保っているのかは判然としておらず、実践的な観点から精緻に検討する必要性がある。そこで、本節では人権教育と道徳科の連動を図るための道徳教材ならびに指導例示として、全国的に周知されている「拉致問題」を題材とした道徳教材並びに指導例示に焦点をあてて検討を重ねていく。

　「人権教育プログラム」に掲載されている「拉致問題」を題材にした道徳教材並びに指導例示を抽出し、「主題（内容項目）」や、「ねらい」「教材」「人権教育の視点（指導上の留意点）」を整理したものが表 2-4 である。

　表 2-4 から、「拉致問題」を題材にした指導例示は、2011 年度に初めて掲載されてから 2022 年度まで教育課程における「道徳の時間」ならびに道徳科に位置付けられて供給されてきたことが確認できる。そして、すべての指導例示において「拉致問題」を題材にした道徳教材として、政府が制作した視聴覚教材「北朝鮮による日本人拉致問題啓発アニメ『めぐみ』」（以下、「めぐみ（アニメ）」と表記）や冊子「北朝鮮による日本人拉致問題 1 日も早い帰国実現に向けて！」、そして、東京都教育員会の自作資料として「めぐみ、お母さんがきっと助けてあげる」が設定されていることがわかる。なお、上記の教材について 2018 年度に刊行された「人権教育プログラム」には、以下のように教材の特色を明示している。

① 「めぐみ（アニメ）」
　「北朝鮮による日本人拉致問題啓発アニメ『めぐみ』は、昭和 52 年、当時中学 1 年生だった横田めぐみさんが、学校からの帰宅途中に北朝鮮当局により拉致された事件を題材に、残された家族の苦悩や、懸命な救出活動の模様を描いた 25 分のドキュメンタリー・アニメである。」

② 「北朝鮮による日本人拉致問題 1 日も早い帰国実現に向けて！」
　「この冊子（「北朝鮮による日本人拉致問題 ― 1 日も早い帰国実現に向けて！ ― 」）は、拉致問題の概要や日朝間の主な動き、解決に向けての政府の

表 2-4 「拉致問題」を題材にした道徳教材並びに指導例示

資　料	「人権教育プログラム」			
刊行年	2011	2017	2018・2021	2022
教育課程	道徳の時間	道徳科（移行措置）	道徳科	
対象	中学校第3学年	中学校第3学年	小学校第6学年	中学校第2学年
主題名（内容項目）	家族愛（4-(6)）	家族の支え（C 家族愛・家庭生活の充実）	家族の支え（C 家族愛・家庭生活の充実）	家族との絆（C 家族愛・家庭生活の充実）
教材	・「北朝鮮による日本人拉致問題―1日も早い帰国実現に向けて！」（政府拉致問題対策本部） ・北朝鮮による日本人拉致問題啓発アニメ「めぐみ」（政府拉致問題対策本部） ・横田早紀江さんの言葉「めぐみ、お母さんがきっと助けてあげる」（東京都教育委員会）			
ねらい	北朝鮮当局による拉致問題の概要を知り、拉致被害者と被害者家族の心情から、我が子に対する親の思いに気付かせる。我が子の成長を願い、惜しみない愛情をもって育ててくれる父母や祖父母に対する敬愛の念を深め、家族の一員としての自覚を深める。	北朝鮮当局による拉致問題の概要を知り、拉致被害者と被害者家族の心情から、我が子に対する親の思いに気付くことで、我が子の成長を願い、惜しみない愛情をもって育ててくれる父母や祖父母に対する敬愛の念を深め、家族の一員としての自覚を深める。	父母、祖父母を敬愛し、家族が相互に深い信頼関係で結ばれていることを考え、家族の一員として家族の幸せを求めて、進んで役に立とうとする態度を育てる。	北朝鮮当局による拉致問題の概要を知り、拉致被害者と被害者家族の心情から、我が子に対する親の思いに気付くことで、我が子の成長を願い、惜しみない愛情をもって育ててくれる父母や祖父母に対する敬愛の念を深め、家族の一員としての自覚をもち、充実した家庭生活を築こうとする心情を養う。
人権教育の視点（指導上の留意点）	拉致被害者、拉致被害者家族の現状を知り、その悲しみや苦しみに共感させることを通して、人権を尊重する心情や態度を育てる。		拉致被害者、拉致被害者家族の現状を知り、その悲しみや苦しみに共感させることを通して、家族の幸せを求めて進んで役に立とうとする心情や態度を育てる。	拉致被害者、拉致被害者家族の現状を知り、その悲しみや苦しみに共感させることを通して、人権を尊重する心情や態度を育てる。

取組みなどについて、Q&A方式で書かれている。北朝鮮による拉致問題に対する拉致問題啓発活動の一つとして拉致問題対策本部により作成され、拉致問題を理解することができる資料である。」

③　「めぐみ、お母さんがきっと助けてあげる」

　「めぐみ、お母さんがきっと助けてあげる（平成21年5月18日講演会記録より）については、東京都教育委員会主催の講演会で、講師の横田早紀江さんが語った内容を再編集したものである。なお、表題は、横田早紀江さんの著書によるものである。」

　政府の拉致問題対策本部は、「めぐみ（アニメ）」を制作し、全国の小中高校約4万校に上映用DVDを配布していると共に、日本語版のほか外国語（（英語・中国語・韓国語・ロシア語の吹き替え版）、（フランス語・スペイン語・ドイツ語・イタリア語・タイ語の字幕版）を制作している。つまり、国内外において映像によって拉致問題に対する理解増進を図るために、政府が制作した教材がグローバルな観点を踏まえつつ、学校教育の実践の場に広く普及していることが読み取れる。つまり、「人権教育プログラム」は、政府や自治体が開発した教材を積極的に導入すると共に、初等中等教育への汎用性を保つことができる道徳教材ならびに指導例示を供給していることが特色の一つとして挙げられる。

（2）　人権教育としての留意点

　表2-4に着目すると、すべての指導例示において、児童生徒が拉致被害者や拉致被害者家族の人権侵害による心の痛みに共感することが、「人権教育の視点」[62]として明示されていることが確認できる。具体的には、「拉致被害者、拉致被害者家族の現状を知り、その悲しみや苦しみに共感させる」と明示されており、「人権教育を通じて育てたい資質・能力」の技能的側面「他者の痛みや感情を共感的に受容できるための想像力や感受性」との関連性を図っていることが共通点として挙げられる。

　また、「拉致問題」を題材とした道徳教材ならびに指導例示の主題に関しては「家族愛」「家族の支え」として、父母、祖父母を敬愛し、家族の一員としての自覚を深めたり、態度を育てたりすることがねらいとして設定されている。平沢（2013）[63] は、人権教育と道徳教育の整合性を検討していく上で道徳教育の内容項目は重要な要素であることを指摘しており、「拉致問題」に関する道徳教材の全ての指導例示は対象とする校種は異なる場合でも内容項目として「家族愛・家庭生活の充実」が設定されている。なお、道徳科への移行措置期間である 2017 年度の指導例示に着目してみると、2015 年 3 月一部改正の学習指導要領に基づいて内容項目の表記が現行の学習指導要領である「C 家族愛・家庭生活の充実」へと変更されており、道徳科の全面実施に向けてのねらいが設定された指導例示が供給されていることが確認できる。

　上記のことをふまえれば、「人権教育プログラム」における道徳科と人権教育の連動に向けた道徳教材ならびに指導例示の特色として、政府や地方公共団体が開発した道徳教材を活用する上で道徳科の趣旨を反映しつつ、「人権教育を通じて育てたい資質・能力」の育成を図ることを目指していくことで、人権教育と道徳科の連動を試みていることが考察される。また、「拉致問題」を題材にした道徳教材ならびに指導例示は、政府や地方公共団体が開発した道徳教材を援用しつつ、内容項目（家族愛・家庭生活の充実）と「人権教育を通じて育てたい資質・能力」の育成を図ることを人権教育と道徳授業の接合点として継続的に位置付けてきたといえる。とりわけ、道徳科教科書の創刊と同様の時期である 2018 年度に掲載された「拉致問題」の道徳教材ならびに指導例示に着目すると、道徳科の全面実施後にも再掲されており、「拉致問題」の道徳教材ならびに指導例示の中で道徳科の接合点として基礎的な役割を担ってきたことがわかる。

　道徳教育と人権教育が相対立するかのような認識がある中で、地方公共団体は人権教育と道徳科の連動を推進するための道徳教材ならびに指導例示の開発を進めており、学校教育の実践の場に供給していた様相を実体的に検討していくことは、人権教育と道徳科の関係性の構築に向けた取組みを前に進めるための知見になり得るといえよう。

注

53)　前掲（13）、72 頁。

54)　文部科学省・人権教育の指導方法等に関する調査研究会議「人権教育の推進に関する取組状況の調査結果について」、2013 年、96-97 頁。

55)　前掲（6）、22-23 頁。

56)　前掲（12）、61-62 頁。

57)　「同和問題」や、「アイヌの人々」「災害に伴う人権問題」「ハラスメント」については、国語や社会科、地理歴史、公民、特別活動、総合的な学習の時間に関する指導例示として掲載されている。

58)　「人権教育プログラム」には、各教科等において人権教育に関わる授業を行う際には、学習活動を通して、人権教育でどのような資質・能力を育てるのかを明確にするために「人権教育の視点」を設定する必要性を強調している。

59)　文部科学省「人権教育の指導方法等の在り方について［第三次とりまとめ］― 実践編 ―」、2008 年、8 頁。

60)　光村図書「小学校道徳学習指導書「特別の教科　道徳」の授業をはじめよう！5」2018 年。

61)　政府・拉致問題対策本部並び文部科学省は、全国の都道府県知事や初等中等教育機関の長に向けて「北朝鮮当局による拉致問題に関する映像作品の活用促進について（依頼）」（閣副第 79 号 29 初児生第 39 号平成 30 年 3 月 7 日）を通知している。なお、実践例のねらいには、「家族が深い絆で結ばれていることを考え、家族の幸せを求めて、進んで役に立とうとする態度を育てる」と明示されている。

62)　「人権教育プログラム」には、「人権教育の視点」とは、各教科等の単元や題材の目標やねらい、内容等を踏まえ、人権教育でどのような資質・能力を育てるのかを明確にするために設定する指導上の留意点であることが明示されている。

63)　前掲（16）、8-11 頁。

第**3**章
人権教育と道徳授業の接合点

第1節　人権課題と関連性がある読み物教材と内容項目

　序章でも述べたように道徳授業に設定されている内容項目は、人権教育と道徳教育の関係性を論じる際に着目されてきた。内容項目は、児童・生徒が自身の道徳性を養うための手掛かりとなるものであり、各項目の関連性を十分に考慮したり、指導の順序を工夫したりして、柔軟に位置付けることで、道徳科の年間指導計画や各学校における重点的指導を工夫するための役割を担っている（文部科学省，2018）[64]。なお、「第三次とりまとめ」の実践編には、「道徳の時間の主たるねらいは道徳性の育成とその道徳的実践力の向上であり、その内容項目は、人権教育の学習内容と密接に繋がるものが多数含まれている」[65]と明示されている。

　一方、内容項目は、人権教育と道徳教育との関係性を捉えていく視点になり得ることが道徳科の新設以前から指摘[66]されており、教材の選定や授業プランを打ち出す際の手掛かりとされてきた。新設された道徳科においては、「A 主として自分自身に関すること」、「B 主として人との関わりに関すること」、「C 主として集団や社会との関わりに関すること」、「D 主として生命や自然、崇高なものとの関わりに関すること」の4つの視点に準じた内容項目が小学校と中学校ごとに明示されており、道徳科教科書や人権教育指導資料の指導例示においても掲載され続けている。

　そこで、本章では道徳科教科書と人権県教育指導資料に掲載されている人

権課題と関連性がある道徳教材に設定されている内容項目を分類整理することを通して、人権教育と道徳授業が連動を図る際に設定されている内容項目の全体的な傾向と特色を検討していく。

第1章で抽出した道徳科教科書に掲載されている人権課題に関連している読み物教材の指導例示に設定されている内容項目を整理したものが表3-1である[67]。

表3-1の4つの視点に関する内容項目の合計数に着目すると「A 主として自分自身に関すること」は165編、「B 主として人との関わり」は256編、「C 主として集団や社会との関わりに関すること」は341編、「D 主として生命や自然，崇高なものとの関わりに関すること」は73編の視点ごとに多数の内容項目が設定されていることが確認できる。また、内容項目ごとの合計数は、「善悪の判断，自律，自由と責任」・「正直，誠実」（小学校）と「自主，自律，自由と責任」（中学校）を合わせて102編、「友情，信頼」（小・中学校）が104編、「公正，公平，社会正義」（小・中学校）が115編、「国際理解，国際親善」（小学校）と「国際理解，国際貢献」（中学校）を合わせて111編が確認できる。一方で、「真理の探究」（3編）、「伝統と文化の尊重，国や郷土を愛する態度」（3編）、「我が国の伝統と文化の尊重，国を愛する態度」（2編）、「自然愛護」（2編）、「感動，畏敬の念」（4編）は、極端に少ない傾向にある。

道徳科が人権教育の内容と関わりがあることを説明する際の具体例として挙げられている内容項目「公正，公平，社会正義」は、人権課題と関連性がある内容項目として最も多く提示されており、人権教育と道徳科が連動を図る内容項目として中核的な役割を果たしていることが読み取れる。また、「A 主として自分自身に関すること」の「善悪の判断，自律，自由と責任」（小学校）、「自主，自律，自由と責任」（中学校）や、「B 主として人との関わり」の「友情，信頼」（小・中学校）、そして、「C 主として集団や社会との関わりに関すること」における内容項目「国際理解，国際親善」（小学校）と「国際理解，国際貢献」（中学校）が多数設定されている傾向にあることが確認できる。なお、「D 主として生命や自然、崇高なものとの関わりに関すること」に関する内容項目は74編であり、他の視点の内容項目よりも少ない傾向にある。

表 3-1　人権課題に関連している読み物教材の内容項目（道徳科教科書）

視点	内容項目（小学校）	教材数	内容項目（中学校）	教材数	小計	合計
A 主として 自分自身 に関する こと	善悪の判断，自律，自由と責任	60	自主，自律，自由と責任	27	102	165
	正直，誠実	15				
	節度，節制	19	節度，節制	7	26	
	個性の伸長	10	向上心，個性の伸長	5	15	
	希望と勇気，努力と強い意志	12	希望と勇気，克己と強い意志	7	19	
	真理の探究	2	真理の探究，創造	1	3	
B 主として 人との関 わりに関 すること	親切，思いやり	49	思いやり，感謝	24	80	256
	感謝	7				
	礼儀	8	礼儀	3	11	
	友情，信頼	60	友情，信頼	44	104	
	相互理解，寛容	30	相互理解，寛容	31	61	
C 主として 集団や社 会との関 わりに関 すること	規則の尊重	15	遵法精神，公徳心	9	24	341
	公正，公平，社会正義	64	公正，公平，社会正義	51	115	
	勤労，公共の精神	6	社会参画，公共の精神	17	26	
			勤労	3		
	家族愛，家庭生活の充実	28	家族愛，家庭生活の充実	18	46	
	よりよい学校生活，集団生活の充実	8	よりよい学校生活，集団生活の充実	6	14	
	伝統と文化の尊重，国や郷土を愛する態度	3	郷土の伝統と文化の尊重，郷土を愛する態度	0	5	
			我が国の伝統と文化の尊重，国を愛する態度	2		
	国際理解，国際親善	70	国際理解，国際貢献	41	111	
D 主として 生命や自 然，崇高 なものと の関わり に関する こと	生命の尊さ	20	生命の尊さ	26	46	73
	自然愛護	2	自然愛護	0	2	
	感動，畏敬の念	3	感動，畏敬の念	1	4	
	よりよく生きる喜び	6	よりよく生きる喜び	15	21	

　上記のことから、人権課題と関連性がある道徳教材には、4つの視点のすべてと関連性を保っているが、提示される頻度には偏重が生じていることがわかる。つまり、人権教育と道徳科の接合点を意識し、年間を見通して実践していかなければ、双方の連動を図ることは困難なものとなる。こうした点を踏まえれば、人権教育と道徳科の連動を図るためには、道徳教材の全体的な傾向を把握したうえで、人権教育と道徳科の連動を図るための年間指導計画を立案し、計画的に授業プランを推進していくことが重要な視点になり得ることが考察できる。すなわち、人権教育と道徳科の連動を図るための教材開発を拡張していくことが、今後の双方の連動を強化していく際の課題であるといえよう。

第2節　人権教育指導資料に関する内容項目の傾向

　「人権教育及び人権啓発の推進に関する法律」の第5条に「地方公共団体は、基本理念にのっとり、国との連携を図りつつ、その地域の実情を踏まえ、人権教育及び人権啓発に関する施策を策定し、及び実施する責務を有する」と明示されているように、地方公共団体は人権教育を推進していくための責務を担っている。「道徳教育実施状況調査」[68] によれば、地方公共団体が作成した資料は道徳科教科書に次いで道徳科の充実に向けて参照されていることが報告されており、人権教育指導資料は人権教育と道徳科が連動していくための道徳教材として重要な位置付けにある。

　そこで、本節では、人権教育指導資料に掲載されている人権課題を題材にした道徳教材の内容項目の傾向や特色を検討していく。第2章で抽出した「人権教育プログラム」（人権教育指導資料）に掲載されている人権課題を題材とした読み物教材の指導例示に設定されている内容項目を整理したものが表3-2である。

　表3-2から、「人権教育プログラム」は内容項目「C 主として集団や社会との関わりに関すること」が多く設定されている傾向にあることが読み取れる。そして、「子供」、「高齢者」、「障害者」、「外国人」、「HIV感染者・ハンセン病患者等」、「その他」（路上生活者、感染症に関わる人権問題）の内容項目とし

表3-2　人権教育指導資料に関する内容項目一覧

視点	内容項目（小学校）	教材数	内容項目（中学校）	教材数	小計	合計
A 主として自分自身に関すること	善悪の判断，自律，自由と責任		自主，自律，自由と責任			1
	正直，誠実					
	節度，節制		節度，節制			
	個性の伸長		向上心，個性の伸長	1	1	
	希望と勇気，努力と強い意志		希望と勇気，克己と強い意志			
	真理の探究		真理の探究，創造			
B 主として人との関わりに関すること	親切，思いやり		思いやり，感謝	2	2	6
	感謝					
	礼儀		礼儀			
	友情，信頼	1	友情，信頼	1	2	
	相互理解，寛容	1	相互理解，寛容	1	2	
C 主として集団や社会との関わりに関すること	規則の尊重	1	遵法精神，公徳心		1	36
	公正，公平，社会正義	14	公正，公平，社会正義	8	22	
	勤労，公共の精神		社会参画，公共の精神			
			勤労			
	家族愛，家庭生活の充実	6	家族愛，家庭生活の充実	7	13	
	よりよい学校生活，集団生活の充実		よりよい学校生活，集団生活の充実			
	伝統と文化の尊重，国や郷土を愛する態度		郷土の伝統と文化の尊重，郷土を愛する態度			
			我が国の伝統と文化の尊重，国を愛する態度			
	国際理解，国際親善		国際理解，国際貢献			
D 主として生命や自然、崇高なものとの関わりに関すること	生命の尊さ		生命の尊さ			0
	自然愛護		自然愛護			
	感動，畏敬の念		感動，畏敬の念			
	よりよく生きる喜び		よりよく生きる喜び			

て「公正，公平，社会正義」が設定されており、全体の半数である 22 編の道徳教材を確認できることから、人権教育と道徳科が連動を図るための中核的な役割を担っている内容項目であることが読み取れる。

　次に、多く設定されている内容項目としては、「家族愛，家庭生活の充実」が挙げられる。内容項目「家族愛，家庭生活の充実」は、人権課題「高齢者」、「犯罪被害者等」、「拉致問題」を題材とした指導例示に設定されていると共に、道徳科教科書に掲載されていない「拉致問題」を題材とした道徳教材を実践する際の内容項目として設定されている。そして、「思いやり，感謝」に関しては、人権課題「犯罪被害者等」において 2 編を確認することができると共に、「相互理解，寛容」は、人権課題「その他」（性自認・性的指向）において 1 編が設定されている。なお、「向上心，個性の伸長」（1 編）と「友情，信頼」（2編）に関しては、人権課題「女性」の指導例示に設定されていることが確認できると共に、「規則の尊重」については、人権課題「インターネットによる人権侵害」において、1 編設定されている。

　上記のことから、「人権教育プログラム」に掲載されている人権課題を題材とした道徳教材並びに指導例示においては、「A 主として自分自身に関すること」や、「B 主として人との関わりに関すること」、「C 主として集団や社会との関わりに関すること」の視点に関わる内容項目が設定されていることがわかる。なお、道徳科教科書と同様に、「人権教育プログラム」においても、「C 主として集団や社会との関わりに関すること」の視点が多い傾向にあり、内容項目「公正，公平，社会正義」が道徳科と人権教育の接合点として中核的な位置付けにある。さらに、道徳科教科書には、それほど多く掲載されていなかった内容項目「家族愛，家庭生活の充実」が多く掲載されていることが特徴として挙げられる。また、道徳科教科書には掲載されていない「拉致問題」を題材とした道徳教材ならびに指導例示を供給していることから、「人権教育プログラム」は、人権教育と道徳科の連動を図ることに向けた年間指導計画を作成する際に道徳科教科書を補う道徳教材としての役割が期待されるところである。

第3節　人権課題と内容項目の関連性

（1）人権課題と内容項目

　人権課題と関連性がある道徳教材ならびに指導例示が開発されている中で、多様な内容項目が人権教育と道徳科の接合点として設定されていることを確認してきた。本節では人権課題ごとに抽出した道徳教材に設定されている内容項目の傾向と特色を検討する。

　本章の分析結果を整理した結果が表3-3である。第1列には、内容項目ごとに設定されている校種を小学校は「小」、中学校は「中」、小学校と中学校が共通している場合は「小中」と表記した。第2列には4つの視点ごとに設定されている内容項目を示し、右に人権課題（女性、子供、高齢者、障害者、同和問題、アイヌの人々、外国人、HIV感染者・ハンセン病患者等、刑を終えて出所した人、犯罪被害者等、インターネットによる人権侵害、拉致問題、その他）を示している。さらに右には、道徳科教科書と人権教育指導資料の内容項目の合計数を記載している。

　なお、内容項目の数を2段（上段・下段）に表記している場合は、上段が道徳科教科書、下段が人権教育指導資料から抽出した数を示している。また、一段のみで数字を表記している場合は道徳科教科書から抽出した数として表記する（合計数の欄は除く）。

1）女　性

　「女性」と関連性がある道徳教材に設定されている内容項目は、「友情，信頼」（25編）が最も多く、学校の場面において男女共に協力することや、異性への理解を深め、友情を大切にしようとする実践意欲や態度を育てることがねらいとして設定されていることが確認できる。また、「家族愛，家庭生活の充実」が9編掲載されており、家庭における性的役割分業の場面が教材として扱われている。こうした点から、人権課題「女性」における内容項目は、「友情，信頼」と「家族愛，家庭生活の充実」が多い傾向にあり、学校や家庭の場面を教

表3-3　人権課題に関する内容項目一覧

内容項目 / 人権課題		女性	子供	高齢者	障害者	同和問題	アイヌの人々	外国人	患者・元患者等	出所した人	犯罪被害者等	インターネット	拉致問題	その他	合計
校種	A 主として自分自身に関すること														
小	[善悪の判断, 自立, 自由と責任]		42	1								17			60
小	[正直, 誠実]		8		1							6			15
中	[自主, 自律, 自由と責任]		16									11			27
小中	[節度, 節制]		4									22			26
小	[個性の伸長]		10												10
中	[向上心, 個性の伸長]	1	4	1											6
小	[希望と勇気, 努力と強い意志]		3		8							1			12
中	[希望と勇気, 克己と強い意志]				7										7
小	[真理の探究]				2										2
中	[真理の探究, 創造]				1										1
	B 主として人との関わりに関すること														
小	[親切, 思いやり]	2	16	13	16			1				1			49
小	[感謝]			6				1							7
中	[思いやり, 感謝]		8	7	8			1			2				26
小中	[礼儀]		4	2								5			11
小中	[友情, 信頼]	23 / 2	65	2	1			1				12			106
小中	[相互理解, 寛容]		44	2	4			1				9		1 / 2	63
	C 主として集団や社会との関わりに関すること														
小	[規則の尊重]		3	1	1							10 / 1			16

内容項目	人権課題	女性	子供	高齢者	障害者	同和問題	アイヌの人々	外国人	患者・元患者等	出所した人	犯罪被害者等	インターネット	拉致問題	その他	合計
中	[遵法精神, 公徳心]	1	2								1	5			9
小中	[公正, 公平, 社会正義]		92		8			8	1			3		3	137
		5		3	5			2	3					4	
小	[勤労, 公共の精神]			3	1			1				1			6
中	[社会参画, 公共の精神]	1	3	6	5			1						1	17
中	[勤労]			1	2										3
小中	[家族愛, 家庭生活の充実]	9	4	27	5								1		59
				4							4		5		
小中	[よりよい学校生活, 集団生活の充実]		12		1								1		14
小	[伝統と文化の尊重, 国や郷土を愛する態度]			1			1	1							3
中	[郷土の伝統と文化の尊重, 郷土を愛する態度]														
中	[我が国の伝統と文化の尊重, 国を愛する態度]							2							2
小	[国際理解, 国際親善]		5		1			64							70
中	[国際理解, 国際貢献]		5		1			35							41
D 主として生命や自然、崇高なものとの関わりに関すること															
小中	[生命の尊さ]		26	10	6			3					1		46
小中	[自然愛護]		2												2
小中	[感動, 畏敬の念]		3				1								4
小中	[よりよく生きる喜び]		7		10			2		2					21
合計		39	393	89	95	0	2	124	4	2	7	107	5	11	878

材化していることが、特色であることが読み取れる。

　一方で、「思いやり，感謝」が2編、「向上心，個性の伸長」と「相互理解，寛容」「遵法精神，公徳心」「社会参画，公共の精神」が1編ずつ確認できる。こうした内容項目は、「友情，信頼」や「家族愛，家庭生活の充実」よりも少ない傾向にあり、地域や社会のあらゆる分野において男女平等を推進する教育・学習の充実を図る視点で教材開発を推進していくことが今後の課題として挙げられる。

2）子　供

　「子供」と関連性がある道徳教材に設定されている内容項目は、多様な内容項目が設定されている中で、「公正，公平，社会正義」（97編）が最も多い傾向にある。また、「善悪の判断，自律，自由と責任」（42編）と「自主，自律，自由と責任」（16遍）を併せると58編を確認することができ、いじめ問題に対しての善悪の判断や、それに伴う自律性や責任について考える教材も数多く確認できる。

　なお、「A主として自分自身に関すること」や「C主として集団や社会との関わりに関すること」に加えて、「友情，信頼」（65編）や、「相互理解，寛容」（44編）も「子供」と関連性がある道徳教材に数多く設定されている傾向にある。そして、すべての学年ではないものの「生命の尊さ」（26編）や、「個性の伸長」（10編）「向上心，個性の伸長」（4編）、「親切，思いやり」（16編）、「思いやり，感謝」（8編）、「よりよい学校生活，集団生活の充実」（12編）が相当数確認できる。

　道徳科の新設がいじめ問題への対応としての側面があることからも、「子供」に関する道徳教材はいじめ問題を題材にしつつ、いじめ防止へのアプローチとして「公正，公平，社会正義」や「善悪の判断，自律，自由と責任」、「自主，自律，自由と責任」、「友情，信頼」が内容項目の中核となっていることが考察される。そして、人間関係を築くために友達との信頼関係や、他者の尊さを含めて、相互理解を図ること等、様々な内容項目が設定されており、いじめ問題について学習者が自分との関わりの中で省察する機会が拡張されている傾

向にあることが読みとれる。

3）高齢者

　「高齢者」と関連性がある道徳教材に設定されている内容項目は、「家族愛，家庭生活の充実」（31編）が最も多いことが確認できる。また、「親切，思いやり」（13編）や、「感謝」（6編）、「思いやり，感謝」（7編）も多い傾向にあり、身近な高齢者や家族の一員である高齢者から学んだことや、高齢者を尊敬することを通して社会にとってかけがえのない存在であることを考える機会となっていることが読み取れる。

　一方、高齢者を介護する場面を中心として描かれている教材も確認できる。児童・生徒の祖父母や地域社会を支えている高齢者の方々を題材にした道徳教材を使用する際には、多様な家族構成や家庭状況があることも十分に配慮を欠かさないことも重要である。なお、「社会参画，公共の精神」（6編）においては、義務としてではなく互いに支え合おうと考えるようになった高齢者の生き方を通して、社会奉仕について考える教材も確認でき、高齢社会に対する基礎的理解に向けての役割を果たしていることも特徴として挙げられる。

4）障害者

　「障害者」と関連性がある道徳教材に設定されている内容項目は、「親切，思いやり」（16編）や、「思いやり，感謝」（8編）が設定される傾向にある。なお、「人権教育プログラム」においては「障害者」を題材にしたすべての教材で「公正，公平，社会正義」が設定されており、障害者に対しての差別や偏見を是正する道徳授業の実践に焦点をあてている傾向にある。また、「A 主として自分自身に関すること」の「希望と勇気，努力と強い意志」（8編）と「希望と勇気，克己と強い意志」（7編）においては、パラリンピックで活躍するアスリートや文化の分野で活躍する障害者の生き方が描かれている読み物教材が数多く確認できる。

　さらに、「D 主として生命や自然、崇高なものとの関わりに関すること」の「よりよく生きる喜び」（10編）も確認でき、障害者を社会的支援や介護・福

祉を必要としているという側面ではなく、誇りある生き方に近づくことを目指す人間の気高さに関する内容項目として設定されていることが特徴として挙げられる。上記のことから、障害のある方々への社会的支援や介護・福祉などの課題に関する理解だけではなく、障害者の個性や生き方から学び、ノーマライゼーションに向けた道徳教材開発が進められてきたことが特徴として挙げられる。

5） 外国人

「外国人」と関連性がある道徳教材に設定されている内容項目は、他国の人々や異文化に関する理解に関する内容項目「国際理解，国際親善」（64編）と「国際理解，国際貢献」（35編）が中核となっていることが読み取れる。また、「友情，信頼」と「相互理解，寛容」を1編ずつ確認できることからも、他国の人々や多様な文化を相互に理解し、互いに尊重していくことに関する内容項目も設定されていることが読み取れる。

さらに、「公正，公平，社会正義」（10編）も設定されていることが確認でき、外国人に対する偏見や差別意識を解消することに向けてアプローチしていることが特徴として挙げられる。すなわち、外国人を題材にした道徳教材は、他国の人々や異文化に関する相互理解に関する内容項目を中核としつつ、外国人への差別問題を解消することに向けた内容項目「公正，公平，社会正義」という2つの側面からアプローチされている傾向にあるといえよう。

6） アイヌの人々

「アイヌの人々」と関連性がある道徳教材に設定されている内容項目は、「伝統と文化の尊重，国や郷土を愛する態度」（1編）と「感動，畏敬の念」（1編）が設定されている。「アイヌの人々」を題材とした道徳教材は著しく少ない傾向にあると共に、その教材は補充教材として掲載されていることが確認できる。

「アイヌ施策の総合的かつ効果的な推進を図るための基本的な方針」（閣議決定）が明示され、アイヌへの差別の解消に資する施策が今まで以上に強化さ

れ、初等中等教育においても人権課題「アイヌの人々」を題材にした教育実践の充実が求められている。こうした中、アイヌの伝統や文化を受け継ぎ、アイヌ民族の誇りをもった登場人物の生き方や、先住民族としての尊厳を尊重する視点が教材文に織り込まれていることが特徴的である。先住民族の尊厳を尊重し差別のない多様で豊かな文化を持つ活力ある社会を築くことに向けて、「アイヌの人々」を題材にした道徳教材の供給は発展途上にあり、「アイヌの人々」を題材にした道徳教材開発を充実させていくことは今後の課題である。

7）HIV 感染者・ハンセン病患者等

　道徳科教科書においては、「HIV 感染者・ハンセン病患者等」と関連性がある読み物教材として、「だれもが幸せになれる社会を」（光村図書，2018）[69] を掲載している。当該教材においては、「人権」についても補足説明がされており、人権課題を普遍的な視点からアプローチする機会として位置付けられている。また、「人権教育プログラム」には３編の教材が掲載されており、いずれも内容項目には「公正，公平，社会正義」が設定されていることが確認できる。差別や偏見のない社会を目指して人権啓発及び人権教育などの普及啓発活動や、ハンセン病に係る偏見・差別の解消に向けた取組みを強化していくことが強調されている中、内容項目「公正，公平，社会正義」はハンセン病患者等への偏見や差別を解消とする心情や態度の育成に向けて、重要な役割を担っていることが考察できる。

　こうした中、文部科学省特別選定人権啓発ビデオである「未来への虹－ぼくのおじさんは、ハンセン病」や厚生労働省が提供している「ハンセン病の向こう側」のように視聴覚教材を使用する道徳授業の指導例示が確認できる。「ハンセン病問題」を題材にした道徳授業においては、政府が開発した視聴覚教材の積極的な使用が推奨されていることも特徴として挙げられる。

8）刑を終えて出所した人と犯罪被害者等

　「刑を終えて出所した人」と関連性がある道徳教材に設定されている内容項目は、「よりよく生きる喜び」として設定されていることが確認できる。また、

「犯罪被害者等」では、内容項目「遵法精神，公徳心」が設定されていることが確認できる。なお、「人権教育プログラム」では、「家族愛，家庭生活の充実」が4編、「思いやり，感謝」が1編、内容項目として設定されていることが確認できる。

　一方、「刑を終えて出所した人」に関する道徳教材は、内容項目「よりよく生きる喜び」が中核となっているが、「犯罪被害者等」では「家族愛，家庭生活の充実」が中核となっており、それぞれの人権課題に対応する内容項目には差異が生じていることが考察できる。さらに、「人権教育プログラム」には、内閣府犯罪被害者等施策推進室が提供しているDVD「私たちにできること」を活用する道徳授業の指導例示を確認することができる。このことから、「犯罪被害者等」を題材にした道徳教材では、政府が開発した視聴覚教材を使用することが推奨されている特徴がある。

9）インターネットによる人権侵害

　「インターネットによる人権侵害」と関連性がある道徳教材に設定されている内容項目は、「善悪の判断，自律，自由と責任」（17編）と「自主，自律，自由と責任」（11編）、「節度，節制」（22編）が確認できることから、情報モラル教育の一環として自分自身と向き合う機会が多く設定されていることが特徴的である。また、インターネットによる情報のやり取りによって「友情，信頼」（12編）、「相互理解，寛容」（9編）のように人との関わりに関する教材も確認できる。

　さらに、「規則の尊重」（11編）、「遵法精神，公徳心」（5編）、「公正，公平，社会正義」（3編）が確認できることからも、情報化の進展が社会にもたらされた影響についても教材として扱われている。こうした点から、インターネットによる人権侵害は、誤った情報や偏った情報を発信することは、自律や責任が伴うと共に、集団や社会との関わりの中で派生し、法やきまりを遵守するということが教材化されている特色があることが考察できる。なお、いじめ問題と関連している道徳教材も確認できることから、インターネットによる人権侵害は人権課題「子供」と関連させながら提供されていることも特徴として

挙げられる。

10）拉致問題

「人権教育プログラム」に掲載されている「拉致問題」の5編の教材は、いずれも内容項目「家族愛，家庭生活の充実」が設定されている。また、政府拉致問題対策本部によって開発された「北朝鮮による日本人拉致問題 ─ 1日も早い帰国実現に向けて！ ─ 」や、北朝鮮による日本人拉致問題啓発アニメ「めぐみ」が教材として設定されていると共に，「めぐみ、お母さんがきっと助けてあげる」（東京都教育委員会）が教材として設定されている。

なお、上述したように「拉致問題」を題材にした道徳教材ならびに指導例示は、政府や地方公共団体が開発した道徳教材を援用しつつ、内容項目（家族愛・家庭生活の充実）と「人権教育を通じて育てたい資質・能力」の育成を図ることが明示されている。政府や自治体等の公共機関が人権教育と道徳科の連動に向けて内容項目を一貫して教材開発を進めてきたことが特徴的である。

11）その他

「その他」に分類した人権課題と関連性がある道徳教材に設定されている内容項目は、「公正，公平，社会正義」（7編）、「相互理解，寛容」（3編）、「社会参画，公共の精神」（1編）が確認できる。他の人権課題よりも掲載数は少ないが、上記の掲載数が少ない人権課題に関する傾向としては、「公正，公平，社会正義」が多い傾向にあると共に、「伝統と文化の尊重，国や郷土を愛する態度」や、「感動，畏敬の念」のように、多様な内向項目と関連性があることも確認できる。

なお、感染症による人権問題や、性同一性障害者・性的指向、ハラスメント、ホームレス等、新たな人権に関わる課題が道徳教材として開発されており、社会の変化に対応した動向を精緻化していくためにも今後に開発される道徳教材に設定されている内容項目の傾向を引き続き、着目していく必要性があるといえる。

（2）　全体考察

　本章では、人権課題と関連性がある道徳教材に設定されている内容項目の傾向と特色について検討してきた。本章で検討してきた道徳教科書教材と人権教育指導資料から抽出された内容項目に関するデータ（表3-3）から、人権課題と関連性がある道徳教材は、4つの視点と関連性を保ちつつ、多様な内容項目が道徳科と人権教育の連動を図る際に設定されていることを確認した。なお、全体的な傾向としては、「C 主として集団や社会との関わりに関すること」に関する内容項目が多く設定されている傾向にあり、人権教育指導資料においては全体の半数以上が設定されていたことが明らかになった。すなわち、「C 主として集団や社会との関わりに関すること」による視点は、道徳科教科書と人権教育指導資料に共通して設定されており、人権教育と道徳科の連動を図る上での中核的な役割を果たしていることが考察できる。

　なお、「A 主として自分自身に関すること」や、「B 主として人との関わりに関すること」、「D 主として生命や自然、崇高なものとの関わりに関すること」も人権教育と道徳科の連動を図る視点として設定されていることも明らかにした。人権教育における道徳の時間（道徳科）の目標「差別や偏見に気付かせ、人間尊重の精神を育てる」と明示されているが、人権教育と道徳科の連動は、内容項目「公正，公平，社会正義」だけで推進するのではなく、多様な視点や多様な内容項目を手掛かりに双方の連動が目指されてきたことがわかる。道徳科の主たる教材である道徳科教科書や、教員研修に公的な責任をもつ人権教育指導資料に掲載されている人権課題を題材にした道徳教材の全体像を把握し、人権教育と道徳科の接合点を意識しつつ双方の教材を計画的に活用していくことが肝要だといえよう。

　さらに、本節では人権課題ごとに設定される内容項目を手掛かりにして、個々の人権課題ごとに設定されている内容項目の傾向と特色について検討してきた。人権課題「子供」においては、内容項目「公正，公平，社会正義」が97編の道徳教材に設定されていると共に、新型コロナウイルス感染症に関連するいじめ問題としても設定されている。一方で、「インターネットによる人権侵害」に関する内容項目は、「A 主として自分自身に関すること」の「善

悪の判断，自律，自由と責任」(17編）や、「自主，自責，自由と責任」(11編）、「節度，節制」(22編）が多く設定されており、情報モラルと自己を重ね合わせる機会が豊富に設定されている傾向にある。こうした、人権課題ごとの内容項目の傾向や特色を把握しておくことで、SNSによるいじめ問題について指導をする際に道徳授業の計画や実際の授業実践を人権教育と道徳科の接合点を意識した展開への見通しをもつことが可能となる。

　そして、これまでに設定されていなかった内容項目に着目して教材開発を推進していくことで、人権教育と道徳科の新たな接合点を拡張し、多様な側面からSNSによるいじめ問題についてアプローチすることも可能となる。人権課題ごとに道徳科との連動に向けて設定されている内容項目の傾向に偏重が生じている中で、本節で示したデータは人権教育と道徳科の連動に向けた双方の接合点の現状把握につながり、今後の道徳教材開発に向けた基礎的な資料としての役割を果たすことが期待されよう[70]。

第4節　人権教育を通じて育てたい資質・能力の構成要素

（1）　人権教育を通じて育てたい資質・能力への見解

　道徳的諸価値の理解を自覚することに向けた「内容項目」と「人権教育を通じて育てたい資質・能力」の育成に向けた留意点は、人権教育と道徳授業が連動を図る上での接合点として「道徳の時間」や「道徳科」の指導例示に位置付けられてきた。ここまで、「内容項目」を中心に論じてきたが、各教科や領域等を横断的に取り組むことが推奨されている人権教育においては、「人権教育を通じて育てたい資質・能力」の育成していくこともが道徳科において求めている。そこで、本節では「人権教育を通じて育てたい資質・能力」に関する研究の動向を確認しつつ、双方の接合点としての役割について検討していく。

　まずは、「人権教育を通じて育てたい資質・能力」が論じられた背景を整理していくために、国際機関や文部科学省による見解に着目していく。国内の人権教育は、これまでの同和教育や人権課題に関する歴史的背景、国際的な研究成果の蓄積を基盤として推進されてきた。人権擁護推進審議会答申（法務省，

1999）では、日本の学校教育における人権学習が、「知識を一方的に教えることにとどまっている」ことや、「人権感覚も十分に身についていない」という問題点を指摘し、人権学習についての改善を求めており、人権教育の学習方法について課題を共有するための役割を果たしてきた[71]。その後、「人権教育及び人権啓発の推進に関する法律」[72]が策定され、人権教育および人権啓発に関する施策の推進について国、地方公共団体および国民の責務を明らかにし、基本計画の策定等の措置が定められた。そして、人権が共存する人権尊重社会の早期実現に向け、人権教育・啓発を総合的かつ計画的に推進するための計画として、「人権教育・啓発に関する基本計画」（閣議決定，2002）[73]が示されることで、行政機関を中心とした人権教育の取組みが推進されていく。

　こうした中、文部科学省は、「人権教育の指導方法等の在り方について［第一次とりまとめ］」（文部科学省，2004）[74]において、「人権についての知的理解を深めるとともに、児童生徒が人権感覚を十分に身に付けるための指導を一層充実することが必要である。」と明示し、「知的理解」と「人権感覚」ということばをキーワードとして用いながら、「人権についての知的理解を深めるとともに、児童生徒が人権感覚を十分に身に付けるための指導を一層充実することが必要である」と問題提起をしている。つまり、文部科学省は「人権擁護推進審議会答申」や「人権教育及び人権啓発の推進に関する法律」、「人権教育・啓発に関する基本計画」に基づき、人権教育によって育成していく児童生徒の姿のキーワードを明示しながら、人権教育の推進を図ってきたといえる。

　その後、「人権教育の指導方法等の在り方について［第二次とりまとめ］」（文部科学省，2006）[75]では、「人権教育は自他の人権の実現と擁護のために必要な資質や能力を育成し、発展させることを目指す総合的な教育である。その際に必要とされる資質や能力は、①知識的側面、②価値的・態度的側面及び、③技能的側面という３つの側面からなっている。このうち②価値的・態度的側面、③技能的側面が深く人権感覚に関わるものである。したがって、①知識的側面にとどまらず、②価値的・態度的側面や③技能的側面を含めた形で、資質や能力を全面的・調和的に発達させるように働きかけ、促進することが、人権教育の具体的な課題となる」と明示している。つまり、「人権教育を通じて育

てたい資質・能力」という３つの側面（①知識的側面、②価値的・態度的側面及び、③技能的側面）を学校教育の実践の場に向けて提示した。そして、序章で示したように、現在の人権教育の指針となっている「第三次とりまとめ」には、人権教育を教科横断的に取り組むことで育成していく資質・能力をより精緻にした「人権教育を通じて育てたい資質・能力（参考資料）」が公表され、「人権教育を通じて育てたい資質・能力」が学校教育の実践の場で広く認知されることにつながったのである。

　なお、第三次とりまとめ（文部科学省，2008）[76]には、「人権教育を通じて育てたい資質・能力」の３つの側面に関して以下のように明示されている。

　「1. 知識的側面　この側面の資質・能力は、人権に関する知的理解に深く関わるものである。人権教育により身に付けるべき知識は、自他の人権を尊重したり人権問題を解決したりする上で具体的に役立つ知識でもなければならない。例えば、自由、責任、正義、個人の尊厳、権利、義務などの諸概念についての知識、人権の歴史や現状についての知識、国内法や国際法等々に関する知識、自他の人権を擁護し人権侵害を予防したり解決したりするために必要な実践的知識等が含まれるであろう。このように多面的、具体的かつ実践的であるところにその特徴がある。2. 価値的・態度的側面　この側面の資質・能力は、技能的側面の資質・能力と同様に、人権感覚に深く関わるものである。人権教育が育成を目指す価値や態度には、人間の尊厳の尊重、自他の人権の尊重、多様性に対する肯定的評価、責任感、正義や自由の実現のために活動しようとする意欲などが含まれる。人権に関する知識や人権擁護に必要な諸技能を人権実現のための実践行動に結びつけるためには、このような価値や態度の育成が不可欠である。こうした価値や態度が育成されるとき、人権感覚が目覚めさせられ、高められることにつながる。3. 技能的側面　この側面の資質・能力は、価値的・態度的側面の資質・能力と同様に、人権感覚に深く関わるものである。人権の本質やその重要性を客観的な知識として知るだけでは、必ずしも人権擁護の実践に十分であるとはいえない。人権に関わる事柄を認知的に捉えるだけではなく、その内容を直感的に感受し、共感的に受けとめ、それを内面化することが求められる。そのような受容や内面化のためには、様々な技能の助けが必要である。人権教育が育成を目指す技能には、コミュニケーション技能、合理的・分析的に思考する技能や偏見や差別を見きわめる技能、その他相違を認めて受容できるための諸技能、協力的・建設

的に問題解決に取り組む技能、責任を負う技能などが含まれる。こうした諸技能
が人権感覚を鋭敏にする。」

　なお、「人権教育を通じて育てたい資質・能力」の３つの側面における価値
的・態度的側面と技能的側面は密接に関連しており、両側面にアプローチし
ていくことが「人権感覚」の育成につながるとし、「人権感覚」と「人権に関
する知的理解」が結合していくことが自他の人権を守り他の人の人権を守るた
めの実践的な行動につながるという構造的な考え方を図式化して明示している
（図序 -1：10 頁）。すなわち、児童生徒に育成するべき資質・能力のキーワー
ドとして「知的理解」と「人権感覚」を用いながら、その具体として３つの側
面（①知識的側面、②価値的・態度的側面及び、③技能的側面）を明示し、そ
れらを複合的に育成していくことで、児童生徒が自分の人権を守り、他者の人
権を守るための実践行動を目指している。

（2）　国際的な動向との関連性

　「第三次とりまとめ」によって人権教育を通じて育てるべき資質や能力が、
「知識的側面」、「価値的・態度的側面」、「技能的側面」という３側面という区
分が理論的枠組みとして位置付けられた。人権教育において、学習者に育成し
ていく資質・能力を３側面から捉えることは、国際的な人権教育の動向と重な
る部分がある。例えば、『人権教育のためのコンパス［羅針盤］』（ヨーロッパ
評議会，2006）[77] によれば人権文化の構築に向けた目標について以下のように
設定している（表3-4）。

　当該機関が明示している、「知識理解（Knowledge and understanding）」
に着目してみると「『世界人権宣言』や、『国連子供の権利条約』、『人権および
基本的自由の保護のための条約』のように人権擁護を実施するために存在する
主要な国際的法律文書が明示されている。そして、「第三次とりまとめ」の知
識的側面には、「憲法や関係する国内法及び『世界人権宣言』『その他の人権関
連の主要な条約や法令等に関する知識』」と明示されており、国際的な法令と
いう点で重なる部分がある。

表3-4　ヨーロッパ評議会における主要な目標における領域

	目標に関する構成要素
知識と理解	・自由、正義、平等、人間の尊厳、被差別、民主主義、普遍性、権利、責任、相互依存性と連帯性などの重要な概念
	・人権こそが、家族、学校、共同社会および広い世界における行動の中での交渉や合意形成の枠組みを提供するのだという概念
	・自己自身の生活、共同社会における生活、世界における生活の中で人権が果たす役割ならびに過去および未来における人権の重要性
	・市民的、政治的権利と社会的、経済的権利の区別
	・異なる社会、同一社会の中の異なる集団、宗教的、道徳的および法的なものを含めたさまざまな正当性の源泉
	・人権の承認へと導く主要な社会的変化、歴史的出来事および諸原因
	・「世界人権宣言」、「国連子供の権利条約」、「人権および基本的自由の保護のための条約」などのような人権擁護を実施するために存在する主要な国際的法律文書
	・人権を支援し、擁護するために活動している地域的、国家的、国際的機関およびNGO
態度と価値	・自己自身の行為に対する責任感、個人的ならびに社会的な変化に関与する責務
	・好奇心、多様性への開かれた心と肯定的評価
	・他人への共感ならびに連帯性、人権が脅威にさらされている人々を支援するための関与
	・社会的、文化的、言語的ないしは宗教的相違を超えて、人間の尊厳、自己価値および他人の価値を感知する感覚
	・正義感覚、自由、平等および多様性を尊重するという理想に向けて活動しようとする意欲
諸技能	・能動的な傾聴とコミュニケーション：自己自身の人権ならびに他の人々の人権を擁護するために、自分とはちがう意見をも傾聴できる技能
	・批判的思考：関連する情報を発見し、証拠を批判的に査定し、先入観や偏見を自覚し、さまざまな形態のごまかしを認識し、合理的な判断を基礎として決断できる技能
	・協力的に活動したり、対立に対して建設的に取り組める能力
	・社会的集団を組織したり、参加したりする能力
	・地域レベルでも、全世界レベルでも、人権の促進と保護のために活動できる技能

　また、「態度・価値（Attitude and values)」には、「好奇心、多様性への開かれた心と肯定的評価」と明示されている点と「第三次とりまとめ」 が明示している価値的・態度的側面「多様性に対する開かれた心と肯定的評価」という点は多様性への尊重という点で重なる部分がある。さらに、「技能（Skills)」として、「能動的な傾聴とコミュニケーション」と明示されている箇所についても、「第三次とりまとめ」には、「能動的な傾聴、適切な自己表現等を可能とするコミュニケーション技能」と明示されており、重なり合っていることが確認できる。つまり、学習者に対して育成した姿を「知識理解（Knowledge and understanding)」や、「技能（Skills)」、「態度・価値（Attitude and values)」というように３側面から捉えていくという枠組みは重なり合っている部分があることから、「人権教育を通じて育てたい資質・能力」は国際的な人権教育の研究成果を踏まえて公表されたものであるということが読み取れる。

　一方で、国内においては、「人権教育・啓発に関する基本計画」において、国内における人権および人権教育上の課題が国の「重要課題」として位置付けられてきた。「人権教育を通じて育てたい資質・能力」の知識的側面に「人権の発展・人権侵害等に関する歴史や現状に関する知識」と明示されているように国内固有の人権課題についてもアプローチしていくことは人権教育において重要な視点である。すなわち、国際的な動向を踏まえつつ、国内固有の人権に関する問題にも教科横断的にアプローチしていくことが国内の人権教育の特色だといえよう。

（3）授業分析の指標

　序章でも述べたように、人権教育と道徳教育の境界線が見えなかったりするために、双方を整合性のあるものとして捉えられていない状況があり、人権教育と道徳科を連動させた具体的な道徳授業が、学習者に対して人権教育を通じて育てたい資質・能力の育成に寄与しているのかを実践的な観点から検討していくことは、人権教育と道徳科の連動を図る上での実践的な研究課題として挙げられる。初等中等教育において、「人権教育として育てたい資質・能力」

表3-5　「人権教育を通じて育てたい資質・能力の構成要素」

3側面	人権教育を通じて育てたい資質・能力	人権教育における知識・スキル・態度の枠組みの例	構成要素
知識的側面	・自由、責任、正義、平等、尊厳、権利、義務、相互依存性、連帯性等の概念への理解 ・人権の発展・人権侵害等に関する歴史や現状に関する知識 ・憲法や関係する国内法および「世界人権宣言」その他の人権関連の主要な条約や法令等に関する知識 ・自尊感情・自己開示・偏見など人権課題の解決に必要な概念に関する知識 ・人権を支援し、擁護するために活動している国内外の機関等についての知識等	・普遍的なものの見方・概念 ・部落差別の歴史・実態や解放運動についての知識 ・世界人権宣言をはじめとする国際的な文書ならびに、日本国憲法などで保障された諸権利の行使に関わる知識 ・人権を個、他者関係、社会関係としてとらえる知	a 人権に関する諸概念についての知識 b 人権や人権課題の歴史・現状に関する知識 c 国内法や国際法等に関する知識 d 人権課題の解決に必要な諸概念の知識 e 人権を擁護するための実践的知識
価値的・態度的側面	・人間の尊厳、自己価値および他者の価値を感知する感覚 ・自己についての肯定的態度 ・自他の価値を尊重しようとする意欲や態度 ・多様性に対する開かれた心と肯定的評価 ・正義、自由、平等などの実現という理想に向かって活動しようとする意欲や態度 ・人権侵害を受けている人々を支援しようとする意欲や態度 ・人権の観点から自己自身の行為に責任を負う意志や態度 ・社会の発展に主体的に関与しようとする意欲や態度等	・財産、学歴、地位、出身、人種、民族、障害の有無、性別など、あらゆる属性の違いにかかわりなく、自由と水平に関わろうとする姿勢 ・問題があると認識したり、感じたりしたときに、そのままに放置するのではなく、状況改善のために働きかけようとする姿勢 ・社会的な問題やことがらを自分とは無関係ととらえるのではなく、自分なりのやり方で社会的な問題やことがらに関与していこうとする姿勢	f 人間の尊厳の価値を感知する感覚 g 自他の人権を尊重しようとする意欲・態度 h 偏見をもたずに多様性を尊重しようとする意欲・態度 i 人権が尊重される社会を構築するための意欲や態度 j 人権侵害を受けている方々を支援しようとする意欲・態度 k 人権の観点から自己自身の行為を省察し、主体的に関与しようとする意欲・態度
技能的側面	・人間の尊厳の平等性を踏まえ、互いの相違を認め、受容できるための諸技能 ・他者の痛みや感情を共感的に受容できるための想像力や感受性 ・能動的な傾聴、適切な自己表現等を可能とするコミュニケーション技能 ・他の人と対等で豊かな関係を築くことのできる社会的技能 ・人間関係のゆがみ、ステレオタイプ、偏見、差別を見きわめる技能 ・対立的問題を非暴力的で、双方にとってプラスとなるように解決する技能 ・複数の情報源から情報を収集・吟味・分析し、公平で均衡のとれた結論に到達する技能等	・批判的に思考するスキル ・気持ちや考えを言語的、非言語的に伝えるスキル ・背景や価値観が異なる人であっても肯定的な関係を築くスキル	l 互いの相違を認めて受容する技能 m 他者の痛みや感情を共感的に受容するための想像力や感受性 n 自他を尊重するためのコミュニケーション技能 o 偏見や差別を見きわめる技能 p 協力的・建設的に問題解決する技能 q 複数の情報を合理的・分析的・批判的に思考する技能

の3側面を複合的に育成することが目指される中で、上記の道徳教材ならびに指導例示が人権教育を通じて育てたい資質・能力の3側面にアプローチする授業実践であるのかを帰納的に分析していくことは、人権教育を推進していく上で重要な位置付けにある。

　一方、これまで個別的な人権課題と関連性がある道徳教材を活用した実際の道徳授業が人権教育としてどのような学習成果をもたらしているのかは実践的な側面からは検討されてこなかった。人権教育と道徳授業の接合点である「人権教育を通じて育てたい資質・能力」に着目し、実践的な観点から検討していくことは、人権教育と道徳授業の接合点に関する新たな知見になり得ることが期待できる。そこで、本書では文部科学省が示した人権教育を通じて育てたい資質・能力についての見解と、平沢（2005）[78]が示した、人権教育における知識やスキル、態度の具体例を参考にし、専門家である大学教員1名と検討を加えて、開発した授業分析の指標「人権教育を通じて育てたい資質・能力の構成要素」（表3-5）を基に、実践的な観点から双方の接合点を分析することを試みる。

　上記の指標は、実際の授業記録から人権教育における知識や、スキル、態度に関する学習成果を検討していくために開発された指標であり、人権教育を通じて育てたい資質・能力の3つの側面（①知識的側面、②価値的・態度的側面及び、③技能的側面）を帰納的な観点から分析する役割を果たすことが十分期待できる（河野辺，2017）[79]。また、「人権教育を通じて育てたい資質・能力」が、国際的な動向や研究成果が基盤になっていることを踏まえれば、上記の指標は人権教育と道徳科の連動をグローバルな観点から双方の連動の役割を検討することにもつながると捉えられる。すなわち、上記の指標を基に人権教育と道徳授業の連動による学習成果を追究していくことは、グローバルな観点から人権教育と道徳授業の接合点が果たしてきた役割を実践的な側面から検討し、双方の連動に向けた新たな知見につながることが期待できる。

　次章では、人権教育を題材とした道徳授業の実践記録を分析することによって、人権教育と道徳科の接合点を帰納的な観点に基づいて追究することを試みる。

注

64)　前掲（6）、22-27 頁。

65)　前掲（3）、51 頁。

66)　平沢安政「人権の視点に立った道徳教育の推進国際的な市民性教育の文脈のなかで」、部落解放研究、198 号、部落解放研究所、2013 年、4-14 頁。

67)　東京書籍では複数内容項目を明示している場合があるため、中学校第 1 学年「ふたつの心」（A「自主，自律，自由と責任」と B「友情，信頼」）と、中学校第 2 学年「どんなことでも相談し合える仲間に」（A 自主，自律，自由と責任と B「友情，信頼」、中学校第 3 学年「いじめから目をそむけない」（A「自主，自律，自由と責任」と D「よりよく生きる喜び」を明示しているため、両方の内容項目をカウントしている。

68)　前掲（15）、22-23 頁。

69)　光村図書出版編集委員会『道徳　きみがいちばん　ひかるとき 5』、光村図書出版株式会社、2018 年。

70)　今回の調査では「同和問題」に関しては、道徳教材の供給が確認することができなかったが、東京都教育委員会が刊行している人権教育指導資料には、社会科や総合的な学習の時間の指導例示として掲載されていた。人権教育と道徳科の連携を図り、差別や偏見のない社会を実現していくためには、人権課題を題材にした道徳教材のますますの開発が期待されるところである。

71)　人権擁護推進審議会「人権尊重の理念に関する国民相互の理解を深めるための教育及び啓発に関する施策の総合的な推進に関する基本的事項について」（平成 11 年 7 月 29 日人権擁護推進審議会答申）1999 年。

72)　「人権教育及び人権啓発の推進に関する法律」、平成 12 年 12 月 6 日法律第 147 号、2000 年。

73)　「人権教育・啓発に関する基本計画」、平成 14 年 3 月閣議決定（策定）、平成 23 年 4 月閣議決定（変更）、なお、変更の内容は、第 4 章 2 中（12）を（13）とし、（11）の次に、北朝鮮当局による拉致問題等を追加した。

74)　文部科学省・人権教育の指導方法等に関する調査研究会議「人権教育の指導方法等の在り方について［第一次とりまとめ］」、文部科学省公式 HP「https://www.mext.go.jp/b_menu/shingi/chousa/shotou/024/report/__icsFiles/afieldfile/2016/05/02/1212300_001.pdf」（2020.5.26 検索）2004 年。

75)　文部科学省・人権教育の指導方法等に関する調査研究会議「人権教育の指導方法等の在り方について［第二次とりまとめ］」、文部科学省公式 HP「https://www.mext.go.jp/b_menu/shingi/chousa/shotou/024/report/__icsFiles/afieldfile/2016/05/09/1212301_001.pdf」（2020.5.26 検索）2006 年。

76)　前掲（3）、5-6 頁。

77)　ヨーロッパ評議会・福田弘［訳］『人権教育のためのコンパス［羅針盤］学校教育・生涯
　　　学習で使える総合マニュアル』、明石書店、2006 年。

78)　平沢安政『解説と実践　人権教育のための世界プログラム』、解放出版社、2005 年。

79)　河野辺貴則「参加型人権学習『ランキング』の授業分析研究 ― 人権教育を通じて育てた
　　　い資質・能力の構成要素に焦点をあてて ― 」、『教育実践学研究』、19 巻、1 号、日本教育実
　　　践学会、2017 年、1-13 頁。

第**4**章
人権課題を題材にした道徳授業実践の分析

第1節　人権課題を題材にした道徳教材ならびに指導例示

（1）「人権教育プログラム」における道徳教材ならびに指導例示

　第2章で述べたように「人権教育プログラム」は、道徳科の新設前から人権教育と道徳授業の接合点として、「内容項目」と「人権教育を通じて育てたい資質・能力」の育成を明示しており、双方の連動を図る道徳教材ならびに指導例示を供給する役割を担ってきた。また、「人権教育・啓発に関する基本計画」に新たに追加された人権課題「拉致問題」を題材にした道徳教材ならびに指導例示として、全国的に周知されている「拉致問題」を題材とした視聴覚教材を使用しつつ、道徳科への移行措置期間や道徳科の全面実施後の2022年度まで継続的に人権教育と道徳授業の連動を図る役割を長期間にわたって継続的に担っていた。

　上記の点から、「拉致問題」を題材にした道徳教材並びに指導例示は、政府や地方公共団体が開発した道徳教材を援用しつつ、内容項目（家族愛・家庭生活の充実）と「人権教育を通じて育てたい資質・能力」の育成を図ることを人権教育と道徳授業の接合点として継続的に位置付けてきたといえる。なお、道徳科教科書の創刊と同様の時期である2018年度に掲載された「拉致問題」の道徳教材並びに指導例示は、道徳科の全面実施後にも再掲されており、「拉致問題」の道徳教材ならびに指導例示の中で道徳科の接合点として基礎的な役割を果たしていると捉えられる。

そこで、本章では人権教育と道徳科の接合点の役割を実践的な観点から追究するために、2018年度の「拉致問題」の道徳教材並びに指導例示に関する授業記録に着目する。実際の授業記録の分析を通して、実践的な側面から人権教育と道徳科の接合点である内容項目（家族愛・家庭生活の充実）に関する学習成果や、「人権教育を通じて育てたい資質・能力の構成要素」を抽出することで人権教育と道徳科の接合点の役割を検討していきたい。

（2）「拉致問題」の道徳教材ならびに指導例示の概要

道徳科が全面実施された2018年度に刊行された「人権教育プログラム」に掲載されている「拉致問題」の道徳教材ならびに指導例示（以下、「家族の支え」と表記）の主題、ねらい、教材、人権教育の視点に関する記載事項と主な学習活動や指導上の留意点を整理した指導計画が表4-1である。

指導計画には、「家族愛・家庭生活の充実」に関する道徳的（諸）価値の理解を基に、家族の一員としての役割を自覚し、家庭生活に貢献していく態度を育てることがねらいとされている。また、拉致被害者や拉致被害者家族の悲しみや苦しみに共感することが「人権教育の視点」として挙げられており、人権教育を通じて育てたい資質・能力の価値的・態度的側面や、技能的側面[80]を育成することもねらいとされている（表4-1）。

学習過程①では、「北朝鮮による日本人拉致問題 ─ 1日も早い帰国実現に向けて！─（政府 拉致問題対策本部）」を読み、拉致問題の概要や背景を確認する。学習過程②では、拉致被害者家族の実話をアニメ化した「北朝鮮による日本人拉致問題啓発アニメ「めぐみ」（政府 拉致問題対策本部）」を視聴し、めぐみさんが突然いなくなった時の両親の気持ちを想像したり、めぐみさんを救助するために行動し続けている両親の思いについて自我関与したりする活動を展開していく。

学習過程③において登場人物を通して実感した家族の深い絆を基に自分と家族との関わりについて話し合うことで、道徳的（諸）価値に関する日常生活を省察していく。学習過程④では、東京都教育委員会の自作資料である「めぐみ、お母さんがきっと助けてあげる」を説話として活用することで、子を思

表4-1　「拉致問題」を題材にした道徳授業に関する指導計画

主題　「家族の支え」　　内容項目　「家族愛・家庭生活の充実」
教材名
・北朝鮮による日本人拉致問題―1日も早い帰国実現に向けて！―（政府拉致問題対策本部）
・北朝鮮による日本人拉致問題啓発アニメ「めぐみ」（政府拉致問題対策本部）
・横田早紀江さんの言葉「めぐみ、お母さんがきっと助けてあげる」（自作資料：東京都教育委員会）
4　ねらい
・父母、祖父母を敬愛し、家族が相互に深い信頼関係で結ばれていることを考え、家族の一員として家族の幸せを求めて、進んで役に立とうとする態度を育てる。
5　人権教育の視点
・拉致被害者、拉致被害者家族の現状を知り、その悲しみや苦しみに共感させることを通して、家族の幸せを求めて進んで役に立とうとする心情や態度を育てる。

過程	○主な学習活動　発問（a～d）	指導上の留意点
①	○「北朝鮮による日本人拉致問題―1日も早い帰国実現に向けて！―」を読み、この問題の概要や背景を知る。	・拉致問題は、たくさんの人々の自由や幸せを奪う重大な人権侵害であることを理解させる。 ・社会科歴史の単元で「北朝鮮による拉致問題」に関わる内容を学習したことと関連させることもできる。
②	○アニメ「めぐみ」を視聴する。 （a）めぐみさんが突然いなくなった時、両親はどのような気持ちだったと思いますか。 （b）めぐみさんを救助するために行動し続けている両親はどのような思いだったと思いますか。	・DVDの概略を示してから、めぐみさんが突然いなくなった場面、めぐみさんを救助しようと両親が行動する場面を視聴する。 ・拉致被害者家族である横田さん夫妻の気持ちを考えることを伝える。 ・娘のことを心配し、自分たちを責めながらも、娘を助けようとする両親の姿から、家族の深い絆を理解できるようにする。 ・街頭で救助を呼び掛ける両親の気持ち、マスコミに取り上げられたことに対する両親の気持ちを考えさせる。 ・「私たちは、北朝鮮に住む一般市民の人たちを憎んだり恨んだりしているわけではありません」という早紀江さんの言葉を取り上げ、子を奪われた親の苦しみ、悲しみを想像させる。
③	○登場人物を通して実感した家族の深い絆を基にして、自分と家族との関わりについて話し合う。 （c）登場人物を通して実感した家族の深い絆を基にして、自分と家族との関わりについてどんな関わりがあるのかを考えてみましょう。	・我が子の成長を願い、憎しみのない愛情をもって育ててくれている父母の思いを考えるきっかけとする。
④	○教師の説話を聞く。 （d）学習を通して考えたことやこれからの生活に生かしていきたいことを書きましょう。	・子を思う親の心の痛みについて学ぶことで、家族との関わりについての思いを培うようにする。 ・説話として「めぐみ、お母さんがきっと助けてあげる」を読み上げる。

う親の心の痛みについて学び、家族との関わりについての思いを培うようにすることが留意点として示されている。上記のことから、当該授業の主な学習活動としては、北朝鮮による日本人拉致問題啓発アニメ「めぐみ」に登場する拉致被害者家族である横田さん夫妻の心情に自我関与した後に、家族の深い絆を基に自分と家族との関わりについて省察する活動が設定されていることが確認できる。すなわち、道徳科で質の高い多様な指導方法の一つとして提唱されている「読み物教材の登場人物への自我関与が中心の学習」[81]を通して、道徳的（諸）価値の理解を基にした自己の生き方を省察すると共に、人権教育を通じて育てたい資質・能力の育成にアプローチしていくことが特色だといえる。

　そして、拉致問題の概要や日朝関係の主な動き、解決に向けての政府の取組み、拉致被害者家族の取組みなどの説明を政府が制作した教材を活用することが主要な教材として位置付けられていることを踏まえれば、当該授業によって「人権教育を通じて育てたい資質・能力の構成要素」の「b　人権や人権課題の歴史・現状に関する知識」と関連性があると捉えられる。また、人権教育の視点として、「拉致被害者、拉致被害者家族の現状を知り、その悲しみや苦しみに共感させることを通して、家族の幸せを求めて進んで役に立とうとする心情や態度を育てる」ことが明示されていることから、「人権教育を通じて育てたい資質・能力の構成要素」の「m　他者の痛みや感情を共感的に受容するための想像力や感受性」に関わる指導計画であることが読み取れる。

第2節　授業分析の方法

（1）授業実践の実際

　本章では、公立小学校第6学年の児童を対象とし、表4-1の指導計画に基づいた授業実践の際に収集した授業記録を分析していく。研究協力校となる小学校は、全校児童約350名が在籍しており、全学年で13学級を編成している中規模校である。倫理的配慮として、学校長および保護者に研究の趣旨と調査協力の任意性、個人情報の保護、論文掲載に関する説明を行い、承諾を得てから授業実践ならびに分析を行うことにした。なお、本書の分析対象とする授業

記録とは、筆者が第6学年の学級に所属する児童（30名）を対象に「家族の支え」の指導計画（表4-1）に基づいた道徳授業を実施した際に収集した発話記録やワークシート（学習感想文を含む）である。

　実際の授業では、学習過程①では、「北朝鮮による日本人拉致問題 ― 1日も早い帰国実現に向けて！ ― 」を用いて、北朝鮮による拉致問題は、たくさんの人々の自由や幸せを奪う重大な人権侵害であることを学級全体で確認した[82]。学習過程②では、北朝鮮による日本人拉致問題啓発アニメ「めぐみ」（政府拉致問題対策本部）を視聴した後に「めぐみさんが突然いなくなった時、両親はどのような気持ちだったと思いますか」と、「めぐみさんを救助するために行動し続けている両親はどのような思いだったと思いますか」を発問した。「めぐみさんが突然いなくなった時、両親はどのような気持ちだったと思いますか。」に対して児童は、「早く、めぐみさんを見つけ出したい気持ち。すごく心配している。悔しい。悲しい」（A6）や、「家出したのか、それとも事故にあったのか。あるいは、誘拐されたのか、たくさんのことを考えたと思います。不安や悲しみもあったと思います」（A17）、「悲しかった。大切に育ててきたのに、心配になった。帰ってきてほしい」（A28）等の記述が確認できた。

　また、「めぐみさんを救助するために行動し続けている両親はどのような思いだったと思いますか」に対しては、「ただただ、めぐみを助けたい。自由にしてあげたい」（A4）や、「誰でもいいから力を貸してほしい。早くめぐみをかえしてほしい。なんとしても拉致された人を助けたい」（A19）、「少しでも早く見つけたい。くやしい。何で自分の子供が拉致されるんだろう。拉致された人を助けたい。拉致された人に自由を与えたい」（A23）等の記述が確認できた。

　学習過程③では、登場人物を通して実感した家族の深い絆を基にして、自分と家族との関わりについて考えた。児童のワークシートには、「何かあったら助け合い、一つのことでも一緒に笑いあえたり、少しぶつかることもあるけど、それでもゆがまない固い絆で結ばれている。自分にとってなくてはならない存在。自分のことを一番近くで見守ってくれてて支えてくれているのは家族だから、なくてはならない存在」（A1）や、「とても大事な家族。役割分担

をして家族の一員として協力して家の家事をする。みんななくてはならない存在。お互いのことはよく知っている」(A15)、「いつもテニスに連れていってくれる。テニスの朝練に付き合ってくれている。悩みとか聞いてくれる。勉強を教えてくれる」(A20)等が確認できる。また、話し合いの場面では、「何でも話せたり、ご飯や掃除とか協力しながら、生きている」(A8)や、「助けあったり、なくてはならない存在」(A17)、「何でも話せたり、お互いに協力したりする存在」(A24)という意見を児童が発言し、学級全体で共有した。

学習過程④では、本時の学習を通して、学んだことを学習感想文記述に記入する活動を実施した。学習感想文としては、「拉致問題は、今でも続いていることで今でも拉致されている人がいる…。そう思う(拉致問題は、今でも続いていることで今でも拉致されている人がいる)と胸が苦しくなり、もし自分だったらと考えると涙が出てきそうになります。自由を奪われ、決して楽ではない状態でも必死で生きている。その姿(自由を奪われ、決して楽ではない状態でも必死で生きている)、話を聞くとどれだけ自分は幸せなことか、ここに立ってここにいられて、大切な家族ともいられるのか、これからはこういう人達がいる! と胸に抱き、自分は精一杯生きる道を進んでいきたいと強く思いました。」(A1)や、「北朝鮮に連れ去られた人の話を知って、自分にも起こるんじゃないかと思うけど、まだ、助けられていないことがすごく悲しいです。私は少しでもできれば協力をしたいです。そして、もっと家族と仲よく過ごしたいです。」(A9)、「少しでも拉致被害者を減らせるようにしたい。自由をうばうことは絶対に許されないことである。自由をもっていることを認識し、社会活動で日本に貢献できたら良いと思います。そして、他国との拉致以外の問題も解決できるようにしていけるようにしていけたらいいと思います。」(A23)等が確認できた。

(2) 分析方法の手順

本研究では、学習感想文の記述内容を学習者視点でリフレクションした質的データと位置付け、学習感想文の記述内容を主な分析対象とし、分析を行う[83]。なお、質的データから「人権教育を通じて育てたい資質・能力」を分

表 4-2　データ分析の手順

児童	ローデータ（切片化）		コード（1段目の表札）
A2	家族というものがどれほど、大切なものかを改めて考え直し、感謝することをしていきたいと思いました。	⇒	家族に対する感謝の念を言及
A7	自分の家族は大切にしたいと思いました。		
A21	家族に感謝し、今を楽しく後悔なく生きたいと思った。		
A26	これからは、親を思いながら生きていきたいと思う。		
A27	これからは、常に家族とは、楽しいひとときを過ごし、「むかつく」ことがあっても、実はそれは愛情であることを忘れずに、思いがけないことだらけの毎日を歩んでいきたいと思います。		
A29	両親に感謝しないと、と思った。		

析する際の指標として、「人権教育を通じて育てたい資質・能力の構成要素」を使用する[84]。具体的な手順としては、KJ 法（川喜田，1986)[85] を援用し、学習者が授業についてリフレクションしたデータを累積化した結果から、「人権教育を通じて育てたい資質・能力の構成要素」（表 3-5）を抽出することを試みる。

　具体的な手順としては、ローデータを共通したもの同士で分類するための第一段階として、学習感想文記述の内容からキーワードやキーセンテンスを取り出して、切片化を実施する。次に切片化したキーワードやキーセンテンスを共通したもの同士でグループ化を行い、表札をつける（表 4-2）

　この手順を 1 巡目、2 巡目、3 巡目と繰り返し行い、ローデータを 1 段目の表札（小グループ）、2 段目の表札（中グループ）、3 段目の表札（大グループ）と構造化していく。そして、生成した表札から「人権教育を通じて育てたい資質・能力の構成要素」を抽出し、当該授業の学習成果や人権教育を通じて育てたい資質・能力の育成に寄与しているのかを検討する[86]。さらに、筆者以外の 2 名の研究者と分析結果についてトライアンギュレーションを図り、分析結果の妥当性を確保するように努めていく。

第3節　授業記録の分析結果

（1）　1段目の表札の生成

　上述したデータ分析の手順を用いて、学習感想文の記述内容を切片化した
キーワードやキーセンテンスをグループ編成により、1巡目に23個の小グルー
プを編成した。具体的に生成した小グループの表札としては、「拉致被害者で
あるめぐみさんの悲痛な心情を想像」（8名）や、「家族に対する感謝の念を言
及」（6名）、「家族は自分にとってかけがえのない存在であることへの気付き」
（5名）、「拉致被害者を救出することへの意欲」（3名）、「日常生活で拉致され
ることへの危機感に言及」（5名）、「拉致被害者を救出することへの意欲」（5
名）、「拉致問題を初めて知ったことへの言及」（4名）、「拉致問題の解決に向
けて協力していこうとする意欲」（4名）、「家族の絆の大切さについて言及」（4
名）、「拉致問題は継続している事実についての言及」（4名）、「拉致をされた
被害者の状況について言及」（4名）、「社会で拉致問題を共有していく意義へ
の言及」（3名）、「拉致問題の解決を懇願」（3名）、「めぐみさんの家族がめぐ
みさんを捜索するために社会に働きかけている状況を想像」（3名）、「北朝鮮
当局による拉致問題が解決されていないことへの言及」（3名）、「家族を失っ
た悲痛な痛みへの言及」（3名）、「自由を奪うことへの許否」（3名）、「めぐみ
さんの両親が家族を大切に思う気持ちを想像」（3名）、「拉致問題は諸外国と
連携して解決していく必要性について言及」（2名）、「子供が拉致されたこと
による両親の悲痛な心情を想像」（2名）、「精一杯生きていくことへの決意」（2
名）、「拉致問題が起きないことを懇願」（2名）、「拉致問題への関心」（2名）
が挙げられる。

（2）　2段目の表札の生成

　次に1段目の表札に類似性があるもの同士を組み合わせることでの表札の生
成を試みた。以下、1段目として生成した表札を分類することによりグループ
編成をした2段目の表札（中グループ）を人数順に整理したものが表4-3で

表4-3　2段目の表札（中グループ）

児　童	1段目の表札（小グループ）	2段目の表札（中グループ）	人数
A3, A16, A18, A19	拉致問題を初めて知ったことへの言及	拉致問題が国内には存在していることへの言及	10
A1, A4, A5, A7	拉致問題は継続している事実についての言及		
A3, A9, A22	北朝鮮当局による拉致問題が解決されていないことへの言及		
A1, A2, A11, A13, A14, A15, A20, A21	拉致被害者であるめぐみさんの悲痛な心情を想像	拉致被害者の悲痛な心情を想像	9
A15, A26	子供が拉致されたことによる両親の悲痛な心情を想像		
A6, A11, A14, A16	拉致をされた被害者の状況について言及	拉致問題による被害を繰り返さないことを懇願	9
A6, A16, A18	拉致問題の解決を懇願		
A1, A2, A23	自由を奪うことへの許否		
A2, A4	拉致問題が起きないことを懇願		
A9, A12, A25, A27, A28	家族は自分にとってかけがえのない存在であることへの気付き	日常生活において家族の存在が重要であることについての気付き	8
A10, A24, A25, A30	家族の絆の大切さについて言及		
A7, A9, A14, A15, A22	日常生活で拉致されることへの危機感に言及	拉致によって日常生活が脅かされる危機感への言及	8
A6, A20, A29	家族を失った悲痛な痛みへの言及		
A2, A7, A21, A26, A27, A29	家族に対する感謝の念を言及	家族に感謝しながら精一杯生きていくことを言及	7
A1, A21	精一杯生きていくことへの決意		
A8, A13, A17, A23, A25	拉致被害者を救出することへの意欲	拉致問題を社会全体で共有していくことへの関心・意欲	7
A11, A18	拉致問題への関心		
A4, A9, A10, A30	拉致問題の解決に向けて協力していこうとする意欲	拉致被害者の救出に向けて協力していくことへの意欲	6
A10, A19, A28	身近な人が拉致された場合に救出することへの意欲		
A12, A18, A30	めぐみさんの家族がめぐみさんを捜索するために社会に働きかけている状況を想像	拉致被害者の家族が大切な家族を救出するために社会に働きかけている状況を想像	6
A11, A20, A24	めぐみさんの両親が家族を大切に思う気持ちを想像		
A17, A23	拉致問題は諸外国と連携して解決していく必要性について言及	人権を擁護していくために社会全体で連携する必要性についての言及	5
A5, A13, A21	社会で拉致問題を共有していく意義への言及		

ある。

　表4-3から、最も多くの人数によって生成された表札（中グループ）は、
「拉致問題が国内には存在していることへの言及」（10名）であることが確認
できる。上記の表札は、北朝鮮当局による拉致問題が解決されていない事実に
ついて言及している点が類似していることからグループ編成を実施した。

　2番目に人数が多い表札は「拉致被害者の悲痛な心情を想像」と「拉致問題
による被害を繰り返さないことを懇願」であり、9名を確認できる。「拉致被
害者の悲痛な心情を想像」の表札は、拉致被害者であるめぐみさんの悲痛な心
情を想像したり、児童が自分の両親が子供を拉致された状況になったら悲痛な
心情になることを想像したりしている点が類似していることからグループ編成
を実施した。また、「拉致問題による被害を繰り返さないことを懇願」の表札
は、拉致をされた被害者の苦しい状況や、拉致問題を解決したり、拉致問題が
起きないことを懇願したりする点が類似していることからグループ編成を実施
している。

　3番目に人数が多い表札は「日常生活において家族の存在が重要であること
についての気付き」と「拉致によって日常生活が脅かされる危機感への言及」
であり、8名ずつ確認できる。「日常生活において家族の存在が重要であるこ
とについての気付き」の表札は、家族は自分にとってかけがえのない存在であ
ることや、家族の絆の大切さについて言及している点が類似していることから
グループ編成を実施した。また、「拉致によって日常生活が脅かされる危機感
への言及」のグループは、日常生活で拉致されることへの危機感や、自分自身
が家族と離れ離れになった際の悲痛な痛みを想像することによって、拉致問題
を日常生活の観点から記述している点が類似していることからグループ編成を
実施した。

　4番目に人数が多い表札は、「家族に感謝しながら精一杯生きていくことを
言及」と「拉致問題を社会全体で共有していくことへの関心・意欲」が7名
ずつ確認できる。「家族に感謝しながら精一杯生きていくことを言及」の表札
は、家族に感謝して生きていくことへの意欲や、家族とともに精一杯生きてい
くことへの決意について記述している点が類似していることからグループ編成

を実施した。また、「拉致問題を社会全体で共有していくことへの関心・意欲」の表札は、拉致被害者を帰国させる必要性や、拉致被害者を帰国させるために社会で拉致問題について共有していく意義について記述している点が類似していることからグループ編成を実施した。

　5番目に人数が多い表札は、「拉致被害者の救出に向けて協力していくことへの意欲」と「拉致被害者の家族が大切な家族を救出するために社会に働きかけている状況を想像」が6名ずつ確認できる。「拉致被害者の救出に向けて協力していくことへの意欲」の表札は、拉致問題の解決に向けて協力していこうとする意欲や、身近な人が拉致された場合に救出することへの意欲に関する記述が類似していることからグループ編成を実施した。また、「拉致被害者の家族が大切な家族を救出するために社会に働きかけている状況を想像」の表札は、めぐみさんの家族がめぐみさんを捜索するために社会に働きかけている状況を想像したり、めぐみさんの両親が家族を大切に思う気持ちを想像したりしている点が類似していることからグループ編成を実施した。

　そして、「人権を擁護していくために社会全体で連携する必要性についての言及」の表札では5名確認できる。「人権を擁護していくために社会全体で連携する必要性についての言及」の表札は、拉致問題は自由を奪うことや、人権侵害であること、そして、諸外国と連携して人権侵害を解決していく必要性についての記述が類似していることからグループ編成を実施した。

（3）　3段目の表札の生成

　最後に、これまでに生成した2段目の表札を基に、3段目の表札（大グループ）の生成を試みた結果として、4つの大グループの表札を生成した。

　1つ目の大グループの表札としては、「拉致問題は二度と繰り返してはならないことに言及」（18名）を生成した。これは、中グループの表札である「拉致問題が国内には存在していることへの言及」と「拉致問題による被害を繰り返さないことを懇願」、「拉致によって日常生活が脅かされる危機感への言及」は、拉致問題は国内で未だに残された人権問題であり、二度と繰り返してはならない人権問題であることについて言及している点が類似していることからグ

ループ編成を実施した。

　上記のグループの具体的な記述としては、「北朝鮮による拉致問題は今でも大変なんだと思いました」（A7）や、「北朝鮮に連れ去られた人の話を知って、自分にも起こるんじゃないかと思う」（A9）という内容が確認でき、拉致問題が今でも継続しているとともに自分にも関連性がある人権問題であることについて言及している点が特徴として表出している。また、「拉致というのは、ものすごく残酷でこわいことだとわかりました」（A6）や、「拉致などの被害にあった人が早くもどって楽しく暮らせるようにと思いました」（A16）という記述が確認できることから、拉致被害者の状況をふまえて拉致問題を繰り返してはならないことにも言及していることも特徴として挙げられる。

　2つ目の大グループの表札としては、「拉致被害者の人権を回復するために社会全体で連携・協力していくことへの意欲」（15名）を生成した。これは、中グループの表札である「拉致問題を社会全体で共有していくことへの関心・意欲」と「人権を擁護していくために社会全体で連携する必要性についての言及」、「拉致被害者の救出に向けて協力していくことへの意欲」は、拉致被害者の人権を回復するために社会全体で連携したり、協力したりすることへの意欲に関する特徴が類似していることから、グループ編成を実施した。

　上記のグループの具体的な記述としては、「もうこれからは、二度とそのようなことが起きないように、今ある拉致事件に少しでも協力し助け出してあげたい」（A4）や、「まだ生きている可能性があるのならば、すぐに助け出すべきだと思います」（A13）という内容が確認でき、拉致問題の解決に向けて協力していくことへの意欲に関する記述が確認できる。また、「このような拉致問題は、一日でも早く終わりにし、もう二度と起きないように196カ国すべてで、再発防止を約束した方がいいと思いました」（A17）、「自由をうばうことは絶対に許されないことである」（A23）という記述から、人権侵害は社会全体で解決していくべきことである重要性についても言及している点が特徴として表出している。

　3つ目の大グループの表札としては、「日常生活における家族の存在の重要性に対して言及」（14名）を生成した。これは、中グループの表札である「日

常生活において家族の存在が重要であることについての気付き」と「家族に感謝しながら精一杯生きていこうとする意欲」の2つは、自分自身の家族の存在を観想し、かけがえのない家族とともに感謝していく意欲に関する記述が読み取れることに特徴が類似していることからグループ編成を実施した。

　上記のグループの具体的な記述としては、「その姿（自由を奪われ、決して楽ではない状態でも必死で生きている）、話を聞くとどれだけ自分は幸せなことか、ここに立ってここにいられて、大切な家族ともいられるのか、これからはこういう人達がいる！　と胸に抱き、自分は精一杯生きる道を進んでいきたいと強く思いました」（A1）や、「家族というものがどれほど、大切なものかを改めて考え直し、感謝することをしていきたいと思いました」（A2）という内容が確認でき、日常生活における家族の存在に対して感謝していくことへの実践意欲をもっていることが特徴として表出している。

　4つ目の大グループの表札としては、「拉致被害者の悲痛な心情や拉致被害者家族の悲痛な心情を想像」（13名）を生成した。これは、中グループの表札である「拉致被害者の悲痛な心情を想像」と「拉致被害者の家族が大切な家族を救出するために社会に働きかけている状況を想像」は、拉致被害者や拉致被害者家族の悲痛な心情を想像していることに特徴が類似していることからグループ編成を実施した。

　上記のグループの具体的な記述としては、「家族と離れ離れになるのを考えると、めぐみさんは本当につらい思いをしているんだなと思いました」（A20）や、「拉致された人、そしてその家族のことを考えると、胸が苦しくなる」（A21）、「お母さんやお父さん、弟などが心配してずっと待ち続けている、助けてあげたいという思いがすごく伝わってきました」（A30）という内容が確認でき、拉致被害者の悲痛な心情を想像していることが特徴として表出している。

（4）　学習成果の考察

　これまでに生成した表札を基に3段目の表札（大グループ）との関連性を整理したものが表4-4である。第1列から、右に児童と1段目の表札を示し、

表 4-4　学習感想文記述の分析結果

児　童	1段目の表札 （小グループ）	2段目の表札 （中グループ）	人数	3段目の表札 （大グループ）	人数
A3, A16, A18, A19	拉致問題を初めて知ったことへの言及	拉致問題が国内には存在していることへの言及	10	拉致問題は二度と繰り返してはならないことに言及	18
A1, A4, A5, A7	拉致問題は継続している事実についての言及				
A3, A9, A22	北朝鮮当局による拉致問題が解決されていないことへの言及				
A7, A9, A14, A15, A22	日常生活で拉致されることへの危機感に言及	拉致によって日常生活が脅かされる危機感への言及	8		
A6, A20, A29	家族を失った悲痛な痛みへの言及				
A6, A11, A14, A16	拉致をされた被害者の状況について言及	拉致問題による被害を繰り返さないことを懇願	9		
A6, A16, A18	拉致問題の解決を懇願				
A1, A2, A23	自由を奪うことへの許否				
A2, A4	拉致問題が起きないことを懇願				
A8, A13, A17, A23, A25	拉致被害者を救出することへの意欲	拉致問題を社会全体で共有していくことへの関心・意欲	7	拉致被害者の人権を回復するために社会全体で連携・協力していくことへの意欲	15
A11, A18	拉致問題への関心				
A17, A23	拉致問題は諸外国と連携して解決していく必要性について言及	人権を擁護していくために社会全体で連携する必要性についての言及	5		
A5, A13, A21	社会で拉致問題を共有していく意義への言及				
A4, A9, A10, A30	拉致問題の解決に向けて協力していこうとする意欲	拉致被害者の救出に向けて協力していくことへの意欲	6		
A10, A19, A28	身近な人が拉致された場合に救出することへの意欲				
A9, A12, A25, A27, A28	家族は自分にとってかけがえのない存在であることへの気付き	日常生活において家族の存在が重要であることについての気付き	8	日常生活における家族の存在の重要性に対して言及	14
A10, A24, A25, A30	家族の絆の大切さについての気付き				
A2, A7, A21, A26, A27, A29	家族に対する感謝の念を言及	家族に感謝しながら精一杯生きていくことを言及	7		
A1, A21	精一杯生きていくことへの決意				
A1, A2, A11, A13, A14, A15, A20, A21	拉致被害者であるめぐみさんの悲痛な心情を想像	拉致被害者の悲痛な心情を想像	9	拉致被害者の悲痛な心情や拉致被害者家族の悲痛な心情を想像	13
A15, A26	子供が拉致されたことによる両親の悲痛な心情を想像				
A12, A18, A30	めぐみさんの家族がめぐみさんを捜索するために社会に働きかけている状況を想像	拉致被害者の家族が大切な家族を救出するために社会に働きかけている状況を想像	6		
A11, A20, A24	めぐみさんの両親が家族を大切に思う気持ちを想像				

さらに右の列には、2段目の表札と人数を示すと共に、3段目の表札と人数に分けて表示している。

表4-4ならびに授業記録を踏まえて、当該授業における学習成果の特徴として以下の3点を挙げたい。

第1に、学習者が家族と相互に信頼関係で結ばれているという道徳的（諸）価値の理解を基に、自己と家族との関係を省察したことが特徴として挙げられる。学習感想文の具体的な記述内容として、「家族というものがどれほど、大切なものかを改めて考え直し、感謝することをしていきたいと思いました」（A2）や、「家族との絆・関係というのは、本当に深く、大切なものだと思った」（A25）が確認できると共に、表4-4から「日常生活における家族の存在の重要性に対して言及」（3段目の表札）が14名を確認できる。

さらに、家族との関わりについて考える場面（学習過程③）では、家族が協力したり助け合ったりしていく重要性について省察している学習者を6名（A4，A9，A14，A15，A17，A19）確認できる。具体的には、「家族の一員として協力して家の家事をする」（A15）や、「家族で助けあったり、協力したりする。一番深い絆があるなくてはならない存在」（A17）という記述内容が挙げられる。すなわち、「家族愛・家庭生活の充実」に関する道徳的（諸）価値の理解を基に、家族が相互に深い信頼関係で結ばれていることや、家族の一員として家族の幸せを求めて進んで役に立とうとする態度に向けて省察していると捉えられる。当該授業を帰納的に分析した結果として、内容項目（家族愛・家庭生活の充実）との親和性があることが確認できることから、道徳科の趣旨や教科としての特質が学習成果として反映されているといえよう。

第2に、学習者が拉致被害者家族の悲痛な心情を想像し、その悲痛な心情に共感していることが特徴として挙げられる。学習感想文の具体的な記述内容として、「家族と離れ離れになるのを考えると、めぐみさんは本当につらい思いをしているんだなと思いました」（A20）や、「拉致された人、そしてその家族のことを考えると、胸が苦しくなる」（A21）が確認できると共に、表4-4から「拉致被害者の悲痛な心情や拉致被害者家族の悲痛な心情を想像」（3段目の表札）が13名確認できる。すなわち、本教材の登場人物である拉致被害

者のめぐみさんや拉致被害者家族であるめぐみさんの両親に自我関与すること
を通して、人権侵害を受けた者の悲痛な心情に対しての共感を促すことにつな
がったといえる。

　第3に、学習者が人権を侵害されている状況を感知し、それを許せないとす
る価値志向に向かったことが特徴として挙げられる。学習感想文の具体的な記
述内容として、「少しでも拉致被害者を減らせるようにしたい。自由をうばう
ことは絶対に許されないことである。自由をもっていることを認識し、社会活
動で日本に貢献できたら良いと思います。そして、他国との拉致以外の問題も
解決できるようにしていけるようにしていけたらいいと思います」（A23）が
確認できる。また、表4-4から、「拉致問題は二度と繰り返してはならないこ
とに言及」（3段目の表札）が18名と「拉致被害者の人権を回復するために社
会全体で連携・協力していくことへの意欲」（3段目の表札）が15名確認でき
たことから、当該授業は人権侵害を許さないという価値志向的な態度を促すこ
とに波及効果があったといえよう。

第4節　人権教育を通じて育てたい資質・能力の構成要素の抽出

　最後に、当該授業から抽出された学習感想文の分析結果を基に「人権教育を
通じて育てたい資質・能力の構成要素」を抽出した結果を表4-5に整理した。
　表4-5に着目すると「人権教育を通じて育てたい資質・能力の構成要素」
の知識的側面（b、e）と価値的・態度的側面（f、i、j、k）、技能的側面（m）
の3側面に関する構成要素が抽出されていることが確認できる。
　知識的側面に関する「a　人権や人権課題の歴史・現状に関する知識」や「e
人権を擁護するための実践的知識」の学習感想文の記述としては、「北朝鮮に
よる拉致問題は今でも大変なんだと思いました」（A7）や、「このような拉致
問題は、一日でも早く終わりにし、もう二度と起きないように196カ国すべて
で、再発防止を約束した方がいいと思いました」（A17）等が挙げられる。
　また、価値的・態度的側面の「f　人間の尊厳の価値を感知する感覚」や、「i
人権が尊重される社会を構築するための意欲や態度」、「j　人権侵害を受けてい

表4-5　人権教育を通じて育てたい資質・能力の構成要素の抽出

3側面	人権教育を通じて育てたい資質・能力の構成要素	2段目の表札（中グループ）	人数 n＝30
知識的側面	a　人権に関する諸概念についての知識		
	b　人権や人権課題の歴史・現状に関する知識	拉致問題が国内には存在していることへの言及	10
		拉致によって日常生活が脅かされる危機感への言及	8
	c　国内法や国際法等に関する知識		
	d　人権課題の解決に必要な諸概念の知識		
	e　人権を擁護するための実践的知識	人権を擁護していくために社会全体で連携する必要性についての言及	5
価値的・態度的側面	f　人間の尊厳の価値を感知する感覚	拉致問題による被害を繰り返さないことを懇願	9
	g　自他の人権を尊重しようとする意欲・態度		
	h　偏見をもたずに多様性を尊重しようとする意欲・態度		
	i　人権が尊重される社会を構築するための意欲や態度	拉致問題を社会全体で共有していくことへの関心・意欲	7
	j　人権侵害を受けている方々を支援しようとする意欲・態度	拉致被害者の救出に向けて協力していくことへの意欲	6
	k　人権の観点から自己自身の行為を省察・観想し，主体的に関与しようとする意欲・態度	日常生活において家族の存在が重要であることについての気付き	8
		家族に感謝しながら精一杯生きていくことを言及	7
技能的側面	l　互いの相違を認めて受容する技能		
	m　他者の痛みや感情を共感的に受容するための想像力や感受性	拉致被害者の悲痛な心情を想像	9
		拉致被害者の家族が大切な家族を救出するために社会に働きかけている状況を想像	6
	n　自他を尊重するためのコミュニケーション技能		
	o　偏見や差別を見きわめる技能		
	p　協力的・建設的に問題解決する技能		
	q　複数の情報を合理的・分析的に思考する技能		

る方々を支援しようとする意欲・態度」、「k 人権の観点から自己自身の行為を省察し、主体的に関与しようとする意欲・態度」の学習感想文の記述としては、「もうこれからは、二度とそのように起きないように、今ある拉致事件に少しでも協力し助け出してあげたい」（A4）や、「みんな（日本人）がこの拉致問題について知り、一人でも「助けたい」という人が増えたら、拉致された人を助けられるのではないかと思いました」（A5）、「もし家族の誰かが拉致されたら、全力で探す」（A10）、「ぼくは、はやくめぐみさんがもどってくることを願うと共に、他に拉致された人を帰国させていきたいと思いました」（A17）、「私もめぐみさんと同じような拉致被害者が今後出ないように、また、すぐに帰ってこられるように手伝ってあげたくなりました」（A30）等が挙げられる。

　そして、技能的側面の「m 他者の痛みや感情を共感的に受容するための想像力や感受性」の学習感想文の記述としては、「そう思うと（拉致問題は、今でも続いていることで今でも拉致されている人がいる）胸が苦しくなり、もし自分だったらと考えると涙が出てきそうになります」（A1）や、「家族と離れ離れになるのを考えると、めぐみさんは本当につらい思いをしているんだなと思いました」（A20）、「拉致された人、そしてその家族のことを考えると、胸が苦しくなる」（A21）、「北朝鮮の拉致問題は、色々な人々の人生をけずり、親を悲しませていることが分かった」（A26）、「お母さんやお父さん、弟などが心配してずっと待ち続けている、助けてあげたいという思いがすごく伝わってきました」（A30）等が確認できると共に、「拉致被害者の悲痛な心情や拉致被害者家族の悲痛な心情を想像」（3段目の表札）を13名の学習感想文記述から確認できる。

　上記のことを踏まえれば、当該授業によって「拉致問題」に関する歴史・現状や、人権を擁護するために国際社会全体で取り組むことの重要性、そして、前節で述べたような拉致被害者や拉致被害者家族の心の痛みを想像する資質や能力の育成に波及効果があったことが読み取れる。そして、前節で述べたように、授業記録から日常生活における自分の家族のことを省察し、家族が相互に深い信頼関係で結ばれていることに関する記述内容や、「日常生活における

家族の存在に対して感謝していくことへの実践意欲」（3 段目の表札）が 14 名
（46％）確認できることを踏まえれば、当該授業は、道徳科の趣旨や目的を損
なうことなく「人権教育を通じて育てたい資質・能力」の育成に向けた役割を
果たしていたことが考察できる。

　以上のことから、道徳科教科書の創刊と同時期に掲載された「人権教育プロ
グラム」に掲載されている「拉致問題」の道徳教材ならびに指導例示を使用
した道徳授業は、内容項目（家族愛・家庭生活の充実）と「人権教育を通じて
育てたい資質・能力」を人権教育と道徳授業の接合点にすることで、道徳科の
趣旨や目的を損なうことなく人権教育と道徳科の連動を図る役割を果たしてき
たといえよう。

注
80)　技能的側面の補足として、「人権教育では、想像力や感受性も社会的技能の要素として位
　　置付けられている。他の人の心や身体の痛みや様々な感情は、相手の立場や状況を想像する
　　力や、思いや願いを感じ取る力を働かせることにより理解される。これらの能力は実際に行
　　使することを通して育成され、成長・発展させられることから、民主的な人間関係樹立のた
　　めの社会的技能と捉えられるのである」と明示されている。
81)　道徳教育に係る評価等の在り方に関する専門家会議「『特別の教科　道徳』の指導方法・評
　　価等について（報告）」2016 年、6 頁。
82)　「北朝鮮による日本人拉致問題―1 日も早い帰国実現に向けて！―」（政府　拉致問題対
　　策本部）には、以下の内容が概要として示されている。「1970 年代から 1980 年代にかけ、
　　多くの日本人が不自然な形で行方不明となった。日本の当局による捜査や、亡命北朝鮮工作
　　員の証言により、これらの事件の多くは北朝鮮による拉致の疑いが濃厚であることが明らか
　　になった。1991 年以来、政府は、機会あるごとに北朝鮮に対して拉致問題を提起したが、北
　　朝鮮側は頑なに否定し続けた。しかし、北朝鮮は、2002 年 9 月の第 1 回日 朝首脳会談にお
　　いて、ようやく初めて拉致を認め、謝罪し、再発防止を約束した。同年 10 月には、5 人の拉
　　致被害者が 24 年ぶりに帰国した。しかしながら、残りの安否不明の方々については、2004
　　年 5 月の第 2 回日朝首脳会談において、北朝鮮側から、直ちに真相究明のための徹底した調
　　査を再開する旨の明言があったにもかかわらず、未だに北朝鮮当局から納得のいく説明がな
　　されていない。残された被害者たちは、今なお、全ての自由を奪われ、長きにわたり北朝鮮
　　に囚われたままの状態で、現在も救出を待っている」
83)　新福悦郎「いじめ問題関係判決書を活用した授業の構成要素に関する研究」、博士論文、

兵庫教育大学大学院連合学校教育学研究科、2015 年。

84）「人権教育を通じて育てたい資質・能力の構成要素」（河野辺，2017）は、ヨーロッパ評議会の『人権教育のためのコンパス［羅針盤］』における「知識理解（Knowledge and understanding)」「技能（Skills)」「態度・価値（Attitude and values)」や、「人権教育のための世界計画第4フェーズ（2020-2024）行動計画」に明示されている「知識」「スキル」「姿勢」の領域における能力と関連性があり、国際的な動向と関連性と、［第三次とりまとめ］（文部科学省、2008）や先行研究によって国内独自の人権教育に関する研究の内容が反映されている指標である。

85）川喜田二郎『KJ 法　渾沌をして語らしめる』、中央公論社、1986 年。

86）3 段目の表札を基にした場合は、データの分類が抽象的になることや、1 段目の表札を基にした場合には、データが累積されずに KJ 法の特徴が活かされないと考えられる。したがって、2 段目の表札を基にして「人権教育を通じて育てたい資質・能力」の構成要素を抽出することが適していると判断した。

第5章

道徳科教科書と人権教育を通じて育てたい
資質・能力

第1節　人権課題と内容項目「公正，公平，社会正義」との関連性

（1）　道徳科教科書における「公正，公平，社会正義」との接合点

　道徳科の授業では、児童生徒が国家・社会の形成者としてよりよく生きるために道徳的価値に向き合い、いかに生きるべきかを考え続ける姿勢の育成に向けて、多面的・多角的に物事を考えることが重要である。こうした点は、学校教育における人権尊重の理念である「自分の大切さとともに他の人の大切さを認めること」[87]と関連しており、民主的な社会及び国家の形成発展に努める人間の育成を目指すという点で重なり合う部分がある。

　これまで述べてきたように、人権課題を題材とした道徳教材ならび指導例示には、「内容項目」と「人権教育を通じて育てたい資質・能力」が双方の連動を図ることに向けた接合点として明示されてきた。そして、地方公共団体は地域の実態を踏まえつつ、道徳科の新設以前から人権教育と道徳授業の連動を図るための道徳教材ならびに指導例示を開発し、学校教育の実践の場に供給する役割を果たしてきた。一方、道徳科教科書に掲載されている人権課題と関連性がある読み物教材においても双方の連動を図る役割を果たしていることが予想される。こうした中、本書で抽出した道徳科教科書に掲載されている道徳教材ならびに指導例示には、内容項目が設定されているものの、「人権教育を通じて育てたい資質・能力」を指導上の留意点として明確に位置付けられている

わけではない。上記の点から、道徳科教科書に掲載されている人権課題と関連性がある読み物教材が前章と同様に「人権教育を通じて育てたい資質・能力」の育成に寄与しているのかは、判然としていない。

　一方で、新設された道徳科の内容項目には、「公正，公平，社会正義」が明示されており、人権教育における道徳の時間（道徳科）の目標である「差別や偏見に気付かせ、人間尊重の精神を育てる」ことと重なり合っている。そして、第3章で述べたように、内容項目「公正，公平，社会正義」（小・中学校）は、人権課題と関連性がある道徳教材の内容項目として最も多く設定されており、人権教育と道徳科が連動を図ることを推進する内容項目として中核的な役割を果たすことが期待されている。

　そこで、表3-3「人権課題に関する内容項目一覧」（66頁）に着目してみると、すべての人権課題の中で、「HIV感染者・ハンセン病患者等」の道徳教材ならびに指導例示には、「公正，公平，社会正義」が設定されていることがわかる。なお、日本政府は2008年の国連人権理事会において、ハンセン病差別撤廃決議」の主要提案国となっており、国際的なイニシアティブをとってハンセン病に係る偏見・差別の解消に向けた取組みを進める役割を担ってきた。「ハンセン病家族国家賠償請求訴訟の判決受入れに当たっての内閣総理大臣談話」（令和元年7月12日閣議決定）[88]においても、初等中等教育においての人権教育の重要性が明示されていることから、人権課題「HIV感染者・ハンセン病患者等」を題材とした道徳授業が担う役割は大きいと捉えられる。とりわけ、道徳科教科書に唯一掲載されているハンセン病問題を題材としている読み物教材「だれもが幸せになれる社会を」[89]は、道徳科の新設によって全国的に普及した道徳教材であり、道徳科が差別や偏見のない社会の実現に向けて果たしている役割を検討していく上で重要な位置付けにあると捉えられる。

（2）「だれもが幸せになれる社会を」の指導計画

　道徳科教科書に掲載されているハンセン病問題を題材とした読み物教材「だれもが幸せになれる社会を」[90]の学習計画を整理したものが表5-1である。

　指導計画のねらいには、「ハンセン病の歴史や、ハンセン病患者であるきみ

表5-1 「だれもが幸せになれる社会を」の指導計画

1 主題　　　公正・公平な社会を目ざして
2 内容項目　公正，公平，社会正義
3 教材名　　だれもが幸せになれる社会を
4 ねらい
　ハンセン病の歴史や、ハンセン病患者であるきみ江さんの思いを通して、誰もが幸せになれる社会とはどんなものか考えさせ、正しい知識をもち、誰に対しても差別や偏見をもつことなく、公正・公平な態度で接し、正義の実現に努めようとする実践意欲と態度を育てる。

過程	○主な学習活動　発問（a〜e）	指導上の留意点
①	○本時のめあてを確認する。 　人は誰もが幸せに生きる権利があります。このあたりまえだけど、難しいことについて、「だれもが幸せになれる社会を」を通して考えていきましょう。	・誰もが幸せに生きる権利とはどのようなことなのか問題提起し、「考えよう」につなげる。
②	○「だれもが幸せになれる社会を」を読んで話し合う。 (a)「だれもが幸せになれる社会を」を読んで、いちばん心に残っているのは、どんなことですか。理由といっしょに発表しましょう。 (b) きみ江さんはどんな思いで「人が同じあやまちをくりかえさないよう」と言っているのでしょう。 (c)「ハンセン病問題」を通して、だれもが幸せになれる社会とはどのようなものか、また、何がそのような社会の実現をさまたげているかを考えましょう。	・教材文を読む際、心に残ったところに線を引いていくように指示する。 ・ハンセン病についての正しい知識を押さえる。 ・「ハンセン病問題」に関わる出来事の年表から、ハンセン病に対する国の政策の推移を理解させる。 ・きみ江さんが次の世代に「あやまちをくり返さないよう」と望んでいる思いの強さ、そしてそのために行動している生き方に迫りたい。 ・多様な意見を交流させるため、まずグループごとに話し合わせた後、話し合いで出た意見をクラス全体で共有し、さらに考えを深めさせる。
③	○自分の生活を振り返り、今の気持ちを書く。 (d) 自分自身の中に、「だれもが幸せになれる社会の実現を妨げている心」がないか見つめ、今の気持ちをワークシートに書きましょう。	・自分と異なる考え方の立場や、自分より弱い存在に対して偏った見方をしていないかなど、しっかり自分を振り返られるようにする。
④	○本時の学習を通して、学んだことを学習感想文記述に記入する。 (e) 今日の学習を通して考えたことについて書きましょう。	

江さんの思いを通して、誰もが幸せになれる社会とはどんなものか考えさせ、正しい知識をもち、誰に対しても差別や偏見をもつことなく、公正・公平な態度で接し、正義の実現に努めようとする実践意欲と態度を育てる」と記述されており、差別に苦しんできたハンセン病患者に学習者が自我関与することを通して、差別や偏見をもつことなく公正・公平な社会の実現に向けて道徳性を養うことが示されている。

　なお、読み物教材の冒頭には、ハンセン病の元患者である山内きみ江さんの写真とエピソードが掲載されており、本文でハンセン病の歴史を確認することができる。そして、病気に対する間違った認識によって、ハンセン病患者は国の方針で強制的に療養所に隔離されたことや家族まで差別を受けてきた内容が記されている。さらに、「『まちがった法律で人権がおかされた』という元かん者さんたちの主張が、裁判でみとめられました」（光村図書，2018)[91]と本文中に記述されており、当該教材にはハンセン病患者の人権について考える素材が提供されていることが確認できる。

　上記のように当該教材には、ハンセン病問題に対して間違った知識や無関心が差別や偏見を抱かせないことや、正しい知識のうえに公正・公平に関する意欲や態度を育成していくことが強調されており、「人権教育を通じて育てたい資質・能力」の知識的な側面にアプローチしていることが読みとれる。

　また、多様な意見を交流させるために、グループ活動や学級全体で共有するための機会が学習活動として設定されていると共に、自分と異なる考え方の立場や、自分より弱い存在に対して偏った見方をしていないかなどを省察することが指導上の留意点として明示されている。すなわち、当該資料を活用した授業実践は、ハンセン病問題を題材としつつ、他者との協同的な学習活動が試みられていると共に、自他の価値観を比較したり共有したりすることを通して、「人権教育を通じて育てたい資質・能力」の価値的・態度的側面や技能的側面に関する要素を含んでいることも読みとれる。

　上記のことから、当該教材は道徳科の内容項目「公正，公平，社会正義」を基軸にしつつ、「人権教育を通じて育てたい資質・能力」の育成に関する要素が確認できることから、人権教育と道徳科の連動を図る役割を果たしていると

捉えられる。

　本章では、道徳科教科書に掲載されている読み物教材「だれもが幸せになれる社会」を使用した実際の道徳授業の記録から「人権教育を通じて育てたい資質・能力の構成要素」を抽出できるのか、すなわち、全国的に普及した道徳科教科書を使用した道徳授業においても「人権教育を通じて育てたい能力」の育成に寄与しているのかを実践的な側面から検討する。

第2節　授業実践の概要と分析方法

（1）　授業実践の実際

　本章では、公立小学校第5学年の児童（29名）を対象とし、表5-1の指導計画に基づいた授業実践の際に収集した授業記録を分析していく。研究協力校となる小学校は、全校児童約350名が在籍しており、全学年で13学級を編成している中規模校である。なお、倫理的配慮として、学校長および保護者に研究の趣旨と調査協力の任意性、個人情報の保護、論文掲載に関する説明を行い、研究の承諾を得てから、授業記録を収集した。

　対象は第5学年の学級とし、筆者が道徳科教科書に掲載されている「だれもが幸せになれる社会を」を使用した授業実践を実施し、授業記録の収集を行った。なお、本章における授業記録とは、筆者が第5学年に所属する児童を対象に収集した授業中の発話記録やワークシート（学習感想文を含む）である。以下に授業実践の様子の概要を記す。

　学習過程①では、発問（a）「人には誰もが幸せになる権利があります。この当たり前だけれども難しいことについて『だれもが幸せになれる社会を』の資料を基にみんなで考えていきましょう」と誰もが幸せに生きる権利とはどのようなことなのかを問題提起するとともに、教材文を範読した。

　学習過程②では、発問（b）「『だれもが幸せになれる社会を』を読んで、いちばん心に残っているのは、どんなことですか。理由といっしょに発表しましょう」に対して、「おばあさんの手が普通の人とは違うところ。自分自身で言っているから」（B3）や、「ハンセン病の人が差別をされているところ。ハ

ンセン病だからって他の人と違うようにしているのは、違うと思う」(B6)、「最後の部分の、子供たちといっしょにいるとそれだけでパワーがもらえる。ハンセン病にかかっていても、その子たちのために同じ過ちを繰り返さないようにしているのが心に残りました」(B11) という意見を共有した。

次に、発問 (c)「きみ江さんはどんな思いで『人が同じあやまちをくりかえさないよう』と言っているのでしょう」に対して、「自分と同じ理由で苦しんでいる人を一人でも多く助けられたらいいなという思い」(B9) や、「ハンセン病だからといって、強制的に人々が暮らす場所から遠く離れた別の場所に移したり、『こわい』や『うつる』という差別をしないようにすることや、ホテルの予約やハンセン病の人に抗議の手紙を送るなど、なりたくてなっているわけではないのに、嫌なことをしてくる人がいないようにする」(B14) 等の記述がワークシートから確認できる。

そして、発問 (d)「『ハンセン病問題』を通して、だれもが幸せになれる社会とはどのようなものか、また、何がそのような社会の実現をさまたげているかを考えましょう」に対しては、「(誰もが幸せになる社会とは) 基本的人権ということを基本として、差別などによる自由でない人生をなくすということ。(実現をさまたげているもの) 世の中で病気などが『普通じゃない』という、見えなくて、大きい何かがあるため、差別をうんでいる。つまり、『普通じゃない』という世の中での大きい意見が実現をさまたげているのだ」(B18) 等が確認できる。

また、上記の発問によるグループごとの話し合いの結果を共有する場面では、「みんなが平等な社会、だれもが平等で暴力がおきない社会、悪い行為がない社会」(1班)、「強制隔離をしない。病気などに対して差別しない。戦争をしない。人権などがみんな守られる」(2班)、「差別のない社会」(3班)、「基本的人権を守り、差別などによる自由でない人生をなくす。」(4班)、「あいだをとる社会」(5班)、「平等で差別がない社会。ハンセン病問題のように差別、隔離がない。何でも前向きに考えられる社会」(6班) という意見が発表された。

学習過程③では、発問 (e)「自分自身の中に、『だれもが幸せになれる社会

の実現を妨げている心』がないか見つめ、今の気持ちをワークシートに書きましょう」に対して、児童のワークシートから「こういったものではないけれど、自分にも持病があるので、『もし自分がハンセン病になっていたら』と考えると、今まで差別されてきて、つらい体験をしてきた患者さんの気持ちがわかるような気がする」（B4）や、「うつる病気ではないのに、見た目で判断し、差別をしないようにする」（B7）、「今、こうして考えてみると、今までの人生であの人にもう少しこうしておけばよかったなどと思いあたることがたくさんあった。この気持ちを忘れずに、やがては全ての人が平等に生きる世界に変えられるようにしたい」（B16）等の記述が確認できた。

　学習過程④では、本時の学習を通して、学んだことを学習感想文記述に記入する活動を実施した。学習感想文としては、「今日の学習を通して、今も病気で苦しめられている人や社会から批判されている人がいる中で、こうやって不自由なく過ごせていると思うと幸せだなと思う。また、誰もが幸せな世界を考えるには、とても難しいけれどだからって病気の人や批判されている人がそのままでいいはずは絶対にない。だから、みんなが幸せになれる社会は、今生きているみんなで考えた方がいいはず。そして、だれもが幸せになれる社会を妨げているものはいっぱいあるけど、みんなで協力して解決するべきである。そして、『みんなで協力！　差別なし！』が大切だと思う」（B19）や、「私は初めてハンセン病という病気を知りました。色々な意味で苦しめられている人達がいるのだと実感しました。とくに差別なんかはもっとひどいと思う。同じ人間なのになんで差別をするのかが少し不思議でした。病気でうつるのは少しこわいけど、病気の本人はみんなにうつすようにしていないのにと思いました」（B28）等が確認できた。

（2）　分析方法の手順

　当該授業記録の分析に関しては、前章と同様に学習感想文の記述内容を学習者視点でリフレクションした質的データと位置付け、学習感想文の記述内容を主な分析対象として実施する。そして、第4章でも述べたように、KJ法（川喜田，1986）[92] を援用し、学習者が授業についてリフレクションしたデー

タを累積化した結果から、「人権教育を通じて育てたい資質・能力の構成要素」
（表3-5）の抽出を試みる。なお、本章においても、ローデータを共通したも
の同士で分類するための第一段階として、学習感想文記述の内容からキーワー
ドやキーセンテンスを取り出して、切片化を実施すると共に、切片化したキー
ワードやキーセンテンスを共通したもの同士でグループ化を行い、表札をつけ
る。

　この手順を1巡目、2巡目、3巡目と繰り返し行い、ローデータを1段目の
表札（小グループ）、2段目の表札（中グループ）、3段目の表札（大グループ）
と構造化していく。そして、生成した表札から「人権教育を通じて育てたい資
質・能力の構成要素」を抽出し、当該授業の学習成果や人権教育を通じて育て
たい資質・能力の育成に寄与しているのかを検討する。そして、本章での分析
においても筆者以外の2名の研究者と分析結果についてトライアンギュレー
ションを図り、分析結果の妥当性を確保するように努めていく。

第3節　授業記録の分析結果

（1）　1段目の表札の生成

　上述したデータ分析の手順を用いて、学習感想文の記述内容を切片化した
キーワードやキーセンテンスをグループ編成により、1巡目に21個の小グルー
プを編成した。

　具体的に生成した小グループの表札としては、「ハンセン病患者が差別され
る際の心の痛みを想像」（5名）や、「日常生活で公正・公平に人に接してい
こうとする意欲」（5名）、「ハンセン病患者は感染するという偏見から避けら
れたことに言及」（5名）、「差別をした人の行動を非難」（4名）、「差別意識を
なくしていくことへの意欲」（4名）、「差別のない社会を実現させていくこと
に関与することへの意欲」（4名）、「ハンセン病を初めて知ったことへの言及」
（4名）、「ハンセン病患者の心情に関して言及」（4名）、「幸せな社会を築くた
めに協力していく必要性への気付き」（3名）、「ハンセン病患者の実態を社会
に広める必要性への言及」（3名）、「差別されていない状況を想起」（3名）、

「ハンセン病患者の立場になった際の痛みを想像」（3名）、「ハンセン病に関する知識への理解」（3名）、「差別問題は世界的な視野で考えていく必要性への気付き」（2名）、「ハンセン病患者が強制隔離された歴史についての言及」（2名）、「偏見をもたないために正しい知識が重要であることへの気付き」（2名）、「ハンセン病患者は家族と切り離されたり、差別されたりした歴史に対して言及」（2名）、「差別は身近なところにあることへの言及」（2名）、「社会から差別を受けることへの非難」（2名）、「平和な社会への実現には、多様な考え方があることへ言及」（1名：2箇所の切片）、「自分に差別意識があることへの気付き」（1名：2箇所の切片）　が挙げられる。

（2）　2段目の表札の生成

　次に1段目の表札に類似性があるもの同士を組み合わせることでの表札の生成を試みた。以下、1段目として生成した表札を分類することによりグループ編成をした2段目の表札（中グループ）を人数順に整理したものが表 5-2 である。

　表5-2から、最も多くの人数によって生成された表札（中グループ）は、「ハンセン病患者の心の痛みを想像」（10名）であることが確認できる。上記の表札は、ハンセン病患者の心の痛みを想像したり、ハンセン病患者の心情について言及したりしている点が類似していることからグループ編成を実施した。

　2番目に人数が多い表札は、「差別をなくすために公正・公平な態度で接していこうとする実践意欲」（8名）であることが確認できる。上記の表札のグループの特徴としては、日常生活における差別意識をなくすことや、公正・公平に接していくことへの意欲に関する内容が類似していることからグループ編成した。

　3番目に人数が多い表札は「偏見による被害を防ぐために正しい知識が重要であることへの気付き」（7名）である。「偏見による被害を防ぐために正しい知識が重要であることへの気付き」の表札は、ハンセン病患者が偏見によって差別されたことへの言及や、偏見をもたずに正しい知識をもつことの重要性に

表5-2　2段目の表札（中グループ）

児　童	1段目の表札	2段目の表札	人数
B1, B3, B12, B13, B17	ハンセン病患者が差別される際の心の痛みを想像	ハンセン病患者の心の痛みを想像	10
B9, B13, B14, B22	ハンセン病患者の心情に関して言及		
B1, B5, B28	ハンセン病患者の立場になった際の痛みを想像		
B8, B9, B15, B21, B29	日常生活で公正・公平に人に接していこうとする意欲	差別をなくすために公正・公平な態度で接していこうとする実践意欲	8
B18, B22, B24, B29	差別意識をなくしていくことへの意欲		
B2, B6, B7, B27, B28	ハンセン病患者は感染するという偏見から避けられたことに言及	偏見による被害を防ぐために正しい知識が重要であることへの気付き	7
B10, B15	偏見をもたないために正しい知識が重要であることへの気付き		
B5, B14, B23, B28	ハンセン病を初めて知ったことへの言及	ハンセン病に関する知識を得たことへの言及	6
B6, B12, B23	ハンセン病に関する知識への理解		
B19, B20, B21	幸せな社会を築くために協力していく必要性への気付き	差別をなくして誰もが幸せな社会を協力して目指していくことへの意欲	6
B11, B16, B19, B25	差別のない社会を実現させていくことに関与することへの意欲		
B20（2箇所）	平和な社会への実現には、多様な考え方があることへ言及		
B2, B21, B28, B29	差別をした人の行動を非難	差別が行われることに対する非難	6
B16, B18	社会から差別を受けることへの非難		
B15, B16	差別は身近なところにあることへの言及	日常生活における差別意識を観想	6
B9（2箇所）	自分に差別意識があることへの気付き		
B19, B20, B24	差別されていない状況を想起		
B8, B18	差別問題は世界的な視野で考えていく必要性への気付き	差別問題の解消のためにハンセン病による被害の実態を社会で共有する必要性への言及	5
B4, B16, B25	ハンセン病患者の実態を社会に広める必要性への言及		
B4, B26	ハンセン病患者が強制隔離された歴史についての言及	ハンセン病患者が人権侵害を受けた歴史的事実に関して言及	4
B7, B27	ハンセン病患者は家族と切り離されたり、差別されたりした歴史に対して言及		

ついて気付いている点が類似していることからグループ編成した。

　4番目に人数が多い表札は、「ハンセン病に関する知識を得たことへの言及」と、「差別をなくして誰もが幸せな社会を協力して目指していくことへの意欲」「差別が行われることに対する非難」と、「日常生活における差別意識を観想」であり、6名ずつ確認できる。「ハンセン病に関する知識を得たことへの言及」の表札は、ハンセン病が他者にうつる病気ではないことや、ハンセン病に関して理解を深めたことに言及している点が類似していることからグループ編成をした。また、「差別をなくして誰もが幸せな社会を協力して目指していくことへの意欲」の表札は、差別意識をなくして誰もが幸せな社会を形成していく意欲に関する点が類似していることからグループ編成をした。そして、「差別が行われることに対する非難」の表札は、差別をした人の行動を非難することや社会から差別を受けることへの非難している点が類似していることからグループ編成をした。なお、「日常生活における差別意識を観想」の表札は、差別は身近なところにあることを言及するとともに、自分に差別意識があることや、差別の状況を想起している点が類似していることからグループ編成をした。

　5番目に人数が多い表札は「差別問題の解消のためにハンセン病による被害の実態を社会で共有する必要性への言及」（5名）が確認できる。上記の表札は、差別問題は世界的な視野で考えていく必要性やハンセン病患者の実態を社会に広める必要性に言及している点が類似していることからグループ編成をした。

　最後の表札としては、「ハンセン病患者が人権侵害を受けた歴史的事実に関して言及」（4名）を生成した。上記の表札の特徴としては、ハンセン病患者が強制隔離された歴史やハンセン病患者は家族と切り離されたり、差別されたりした歴史に対して言及している点が類似していることからグループ編成をした。

表 5-3　学習感想文の記述の整理・分類

児　童	1段目の表札	2段目の表札	人数(%) n＝29	3段目の表札	人数(%) n＝29
B2, B6, B7, B27, B28	ハンセン病患者は感染するという偏見から避けられたことに言及	偏見による被害を防ぐために正しい知識が重要であることへの気付き	7(24)	偏見による差別意識をなくしていく重要性への言及	18(62)
B10, B15	偏見をもたないために正しい知識が重要であることへの気付き				
B8, B18	差別問題は世界的な視野で考えていく必要性への気付き	差別問題の解消のためにハンセン病による被害の実態を社会で共有する必要性への言及	5(17)		
B4, B16, B25	ハンセン病患者の実態を社会に広める必要性への言及				
B2, B21, B28, B29	差別をした人の行動を非難	差別が行われることに対する非難	6(20)		
B16, B18	社会から差別を受けることへの非難				
B15, B16	差別は身近なところにあることへの言及	日常生活における差別意識を観想	6(20)		
B9（2箇所）	自分に差別意識があることへの気付き				
B19, B20, B24	差別されていない状況を想起				
B1, B3, B12, B13, B17	ハンセン病患者が差別される際の心の痛みを想像	ハンセン病患者の心の痛みを想像	10(34)	ハンセン病患者が人権侵害を受けてきた歴史や現状に関して言及	16(55)
B9, B13, B14, B22	ハンセン病患者の心情に関して言及				
B1, B5, B28	ハンセン病患者の立場になった際の痛みを想像				
B4, B26	ハンセン病患者が強制隔離された歴史についての言及	ハンセン病患者が人権侵害を受けた歴史的事実に関して言及	4(13)		
B7, B27	ハンセン病患者は家族と切り離されたり、差別されたりした歴史に対して言及				
B5, B14, B23, B28	ハンセン病を初めて知ったことへの言及	ハンセン病に関する知識を得たことへの言及	6(20)		
B6, B12, B23	ハンセン病に関する知識への理解				
B8, B9, B15, B21, B29	日常生活で公正・公平に人に接していこうとする意欲	差別をなくすために公正・公平な態度で接していこうとする実践意欲	8(27)	誰もが幸せな社会を実現するための公正・公平な態度への実践意欲	13(44)
B18, B22, B24, B29	差別意識をなくしていくことへの意欲				
B19, B20, B21	幸せな社会を築くために協力していく必要性への気付き	差別をなくして誰もが幸せな社会を協力して目指していくことへの意欲	6(20)		
B11, B16, B19, B25	差別のない社会を実現させていくことに関与することへの意欲				
B20（2箇所）	平和な社会への実現には、多様な考え方があることへ言及				

（3）　3段目の表札の生成

　最後に、これまでに生成した2段目の表札を基に、3段目の表札（大グルー
プ）の生成を試みた結果として、三つの大グループの表札を生成した。そし
て、これまでに生成した表札を基に3段目の表札（大グループ）との関連性を
整理したものが表5-3である。第1列から、右に児童と1段目の表札を示し、
さらに右の列には、2段目の表札と人数を示すと共に、3段目の表札と人数に
分けて表示している。

　1つ目の大グループの表札としては、「偏見による差別意識をなくしていく
重要性への言及」（18名）を生成した。これは、中グループ「偏見による被害
を防ぐために正しい知識が重要であることへの気付き」や、「差別問題の解消
のためにハンセン病による被害の実態を社会で共有する必要性への言及」、「差
別が行われることに対する非難」、「日常生活における差別意識を観想」は、差
別問題を解消していく必要性や偏見による差別意識をなくしていく重要性に
ついて記述している点が類似していることから、グループ編成を実施した。
なお、具体的な記述内容としては、「病気に人がこわい・うつる・おとなしく
引っ込めなど何も分からないで差別をするということは、人の幸せすらも奪っ
てしまう」（B2）と記述しており、偏見によって他者を差別する恐ろしさにつ
いて言及している点が挙げられる。また、「学校の授業でこの圧力に負けてい
る人々を紹介するというのは、それほど世界が重く受け止めているのだろう」
（B18）という記述が確認できる。

　2つ目の大グループの表札としては、「ハンセン病患者が人権侵害を受けて
きた歴史や現状に関して言及」（16名）を生成した。これは、中グループ「ハ
ンセン病患者の心の痛みを想像」や「ハンセン病患者が人権侵害を受けた歴史
的事実に関して言及」、「ハンセン病に関する知識を得たことへの言及」は、ハ
ンセン病患者が人権侵害を受けてきた歴史的事実や現状に関して記述している
点が類似していることから、グループ編成を実施した。なお、具体的な記述
内容としては、「差別はよくない。理由は、ハンセン病にかかって治った人た
ちは、ホテルに泊まろうとしてもうつる等と言われ傷ついてしまうのが、ぼく
はかわいそうだと思いました」（B3）や「自分の意思に関係なく、強制的に遠

く離れた場所に必要ではないのに閉じ込められるのは、誰でも皆嫌だと思う」
(B4) の記述が挙げられる。

3つ目の大グループの表札としては、「誰もが幸せな社会を実現するための
公正・公平な態度への実践意欲」(13名) を編成した。これは、中グループ「差
別をなくすために公正・公平な態度で接していこうとする実践意欲」や「差別
をなくして誰もが幸せな社会を協力して目指していくことへの意欲」は、誰も
が幸せな社会を実現していく意欲に関して記述している点が類似していること
から、グループ編成を実施した。なお、具体的な記述内容としては、「この考
え（世界中の人達がこの考えをもてば、「差別」などということはこの世に存
在しなくなるかもしれない）をどんどん広めて、差別のない世界を実現させた
い。」(B16) や、「もし、自分に差別する心ができてしまったら、このことを
思い出して、なくしていきたいと思った」(B21) が挙げられる。

第4節　人権教育を通じて育てたい資質・能力の構成要素の抽出

当該授業から抽出された学習感想文の分析結果を基に「人権教育を通じて育
てたい資質・能力の構成要素」を抽出した結果が表5-4である。

表5-4に着目すると「人権教育を通じて育てたい資質・能力の構成要素」
の知識的側面である「b 人権や人権課題の歴史・現状に関する知識」、「d 人権
課題の解決に必要な諸概念の知識」や、価値的・態度的側面の「i 人権が尊重
される社会を構築するための意欲や態度」、「j 人権侵害を受けている方々を支
援しようとする意欲・態度」、「k 人権の観点から自己自身の行為を省察・観想
し、主体的に関与しようとする意欲・態度」、そして、技能的側面の「m 他者
の痛みや感情を共感的に受容するための想像力や感受性」、「o 偏見や差別を見
きわめる技能」、「q 複数の情報を合理的・分析的に思考する技能」を複合的に
抽出されていることが確認できる。これまでの分析結果を踏まえて、当該授業
における学習成果の特徴として以下の3点が挙げられる。

第1に、ハンセン病問題に関する知識的側面に関して学習成果があったこと
が当該授業の特徴として挙げられる。学習感想文記述の分析結果からは、「人

表5-4　人権教育を通じて育てたい資質・能力の構成要素の抽出

3側面	人権教育を通じて育てたい資質・能力の構成要素	2段目の表札	人数 n＝30
知識的側面	a 人権に関する諸概念についての知識		
	b 人権や人権課題の歴史・現状に関する知識	ハンセン病に関する知識を得たことへの言及	6
		ハンセン病患者が人権侵害を受けた歴史的事実に関して言及	4
	c 国内法や国際法等に関する知識		
	d 人権課題の解決に必要な諸概念の知識	差別問題の解消のためにハンセン病による被害の実態を社会で共有する必要性への言及	5
	e 人権を擁護するための実践的知識		
価値的・態度的側面	f 人間の尊厳の価値を感知する感覚		
	g 自他の人権を尊重しようとする意欲・態度		
	h 偏見をもたずに多様性を尊重しようとする意欲・態度		
	i 人権が尊重される社会を構築するための意欲や態度	差別をなくして誰もが幸せな社会を協力して目指していくことへの意欲	6
	j 人権侵害を受けている方々を支援しようとする意欲・態度	差別をなくすために公正・公平な態度で接していこうとする実践意欲	8
	k 人権の観点から自己自身の行為を省察・観想し，主体的に関与しようとする意欲・態度	日常生活における差別意識を観想	6
技能的側面	l 互いの相違を認めて受容する技能		
	m 他者の痛みや感情を共感的に受容するための想像力や感受性	ハンセン病患者の心の痛みを想像	10
	n 自他を尊重するためのコミュニケーション技能		
	o 偏見や差別を見きわめる技能	偏見による被害を防ぐために正しい知識が重要であることへの気付き	7
	p 協力的・建設的に問題解決する技能		
	q 複数の情報を合理的・分析的に思考する技能	差別が行われることに対する非難	6

権教育を通じて育てたい資質・能力の構成要素」の知識的側面の「b 人権や人権課題の歴史・現状に関する知識」と、「d 人権課題の解決に必要な諸概念の知識」を抽出することができた。また、学習感想文の記述として、「自分の意思に関係なく、強制的に遠く離れた場所に必要ではないのに閉じ込められるのは、誰でも皆嫌だと思う」（B4）や、「ハンセン病は差別をされて、とても苦しい病気ということを知りました」（B23）という内容が確認できる。また、大グループ「ハンセン病患者が人権侵害を受けてきた歴史や現状に関して言及」が16名（55%）確認できる。上記のように、児童はハンセン病患者が偏見によって隔離されてきた歴史的事実や、ハンセン病に関する正しい知識を得ることが重要であることを授業後に省察している。道徳科は知的な理解のための学習として位置付けられてはいないものの、当該授業によってハンセン病問題に関する歴史や現状に関する知識を得ることにつながったと捉えられる。

　第2に、偏見による差別意識をなくしていくことを省察していることが特徴として挙げられる。学習感想文記述の分析結果からは、「人権教育を通じて育てたい資質・能力の構成要素」の知識的側面の「d 人権課題の解決に必要な諸概念の知識」や、技能的側面の「m 他者の痛みや感情を共感的に受容するための想像力や感受性」や「o 偏見や差別を見きわめる技能」、「q 複数の情報を合理的・分析的・批判的に思考する技能」が抽出された。

　また、大グループ「偏見による差別意識をなくしていく重要性への言及」が18名（62%）で確認できると共に、「自分が差別を受けたらどんな気持ちかを考えたら、とてもこわくなりました」（B1）や、「何事もちゃんと正しい知識を覚えないと、そのうち大変なことになるかもしれないと思いました」（B10）や、「差別というのは、世界が一生考えていくべき問題だと思った」（B18）という記述内容が確認できる。上記のことから、当該授業によって、差別を解消していくためにも正しい知識を身につけていくことの重要性や、偏見による差別意識をなくしていくことを自分や他者との関係性を含めて省察することにつながったといえよう。

　第3に、内容項目「公正，公平，社会正義」との親和性を保ちつつ人権感覚の育成に波及効果があることが特徴として挙げられる。当該授業の分析結果と

して、人権感覚[93]の構成要素として位置付く、価値的・態度的側面の構成要素（i、j、k）と技能的側面の構成要素（m、o、q）を複合的に抽出することが確認できる。

　そして、大グループ「誰もが幸せな社会を実現するための公正・公平な態度への実践意欲」（13名）が生成されると共に、具体的な記述として、「もし、自分に差別する心ができてしまったら、このことを思い出して、なくしていきたいと思った」（B21）や、「今回の学習を通して、絶対にやってはいけないし、やっている人を見て、止められたらいいなと思いました」（B24）等、差別や偏見の場面に出会ったときに、自分自身の問題として受け止めている内容が確認できる。上記のことから、当該授業は道徳科の内容項目「公正、公平、社会正義」に即した道徳授業であることも授業記録を分析した結果から考察できる。

　人権感覚の基盤となるような価値として道徳的価値を位置付ける重要性が指摘[94]されている中で、当該授業は道徳科の内容項目との親和性を保ちつつ、「人権教育を通じて育てたい資質・能力」を育成することで、人権感覚の涵養に波及効果があったといえよう。上記のことから、「人権教育を通じて育てたい資質・能力」の育成は道徳科教科書を使用した場合でも可能であり、上記の資質・能力は人権教育と道徳科の接合点としての役割を果たすことが可能であると捉えられる。すなわち、「内容項目」と「人権教育を通じて育てたい資質・能力」は、全国的な規模で人権教育と道徳授業の連動を図ることに向けた双方の接合点になり得ることを実践的な観点として考察できる。道徳科教科書に掲載されている人権課題を題材にした読み物教材を使用することは、人権教育と道徳科が連動を図る役割を果たす上での重要な役割を担っているといえよう。

注

87)　前掲（3）、8頁。

88)　政府声明「ハンセン病家族国家賠償請求訴訟の判決受入れに当たっての内閣総理大臣談話」https://www.kantei.go.jp/jp/98_abe/discourse/20190712comment.html（官邸公式HP 2020.9.2 検索）、2019年。

89)　光村図書出版編集委員会『道徳　きみがいちばん　ひかるとき 5』、光村図書出版、2018

年。

90) 光村図書出版編集委員会『道徳 きみがいちばん ひかるとき 5 学習指導書 研究編』、光村図書出版、2018 年。

91) 前掲（90）、163 頁。

92) 前掲（86）。

93) 人権感覚とは、「人権の価値やその重要性にかんがみ、人権が擁護され、実現されている状態を感知して、これを望ましいものと感じ、反対に、これが侵害されている状態を感知して、それを許せないとするような、価値志向的な感覚である。『価値志向的な感覚』とは、人間にとってきわめて重要な価値である人権が守られることを肯定し、侵害されることを否定するという意味において、まさに価値を志向し、価値に向かおうとする感覚であることを言ったものである」と「人権教育の指導方法等の在り方について［第三次とりまとめ］― 指導の在り方編 ―」（文部科学省、2008）に明記されていると共に、価値的・態度的側面」と「技能的側面」が人権感覚の育成に深く関わっていることが説明されている。

94) 前掲（16）、4 頁。

第 **6** 章

人権教育と道徳科の連動に向けて

第１節　人権教育と道徳授業の接合点

　本書では、人権教育と道徳科の連動に向けた道徳教材の現状や特質に着目し、道徳科教科書と人権教育指導資料を使用した双方の授業記録から、「人権教育を通じて育てたい資質・能力の構成要素」を抽出してきた。本節では、道徳科教科書と人権教育指導資料を使用した道徳授業記録（第４章・第５章）から抽出した「人権教育を通じて育てたい資質・能力の構成要素」を整理することを通して、人権教育と道徳授業の接合点の特色を検討していく。

　表6-1は道徳科教科書を使用した授業記録から抽出した構成要素と、人権教育指導資料を使用した授業記録から抽出した構成要素を整理したものである。

　道徳科教科書を使用した道徳授業記録から抽出した構成要素は、知識的側面「b 人権や人権課題の歴史・現状に関する知識」（34%）、「d 人権課題の解決に必要な諸概念の知識」（17%）と価値的・態度的側面「i 人権が尊重される社会を構築するための意欲や態度」（20%）、「j 人権侵害を受けている方々を支援しようとする意欲・態度」（27%）、「k 人権の観点から自己自身の行為を省察し、主体的に関与しようとする意欲・態度」（13%）、そして、技能的側面「m 他者の痛みや感情を共感的に受容するための想像力や感受性」（34%）、「o 偏見や差別を見きわめる技能」（24%）、「q 複数の情報を合理的・分析的・批判的に思考する技能」（20%）を確認することができる。

表6-1　人権教育を通じて育てたい資質・能力の構成要素の比較

3側面	人権教育を通じて育てたい資質・能力の構成要素	道徳科教科書を活用した道徳授業記録から抽出した構成要素	人数(%) n=29	人権教育指導資料を活用した道徳授業記録から抽出した構成要素	人数(%) n=30
知識的側面	a 人権に関する諸概念についての知識		0		0
	b 人権や人権課題の歴史・現状に関する知識	ハンセン病患者が人権侵害を受けた歴史的事実に関して言及 ハンセン病に関する知識を得たことへの言及	10(34)	拉致問題が国内には存在していることへの言及 拉致によって日常生活が脅かされる危機感への言及	15(50)
	c 国内法や国際法等に関する知識		0		0
	d 人権課題の解決に必要な諸概念の知識	差別問題の解消のためにハンセン病による被害の実態を社会で共有する必要性への言及	5(17)		0
	e 人権を擁護するための実践的知識		0	人権を擁護していくために社会全体で連携する必要性についての言及	5(16)
価値的・態度的側面	f 人間の尊厳の価値を感知する感覚		0	拉致問題による被害を繰り返さないことを懇願	9(30)
	g 自他の人権を尊重しようとする意欲・態度		0		
	h 偏見をもたずに多様性を尊重しようとする意欲・態度		0		0
	i 人権が尊重される社会を構築するための意欲や態度	差別をなくして誰もが幸せな社会を協力して目指していくことへの意欲	6(20)	拉致問題を社会全体で共有していくことへの関心・意欲	7(23)
	j 人権侵害を受けている方々を支援しようとする意欲・態度	差別をなくすために公正・公平な態度で接していこうとする実践意欲	8(27)	拉致被害者の救出に向けて協力していくことへの意欲	6(20)
	k 人権の観点から自己自身の行為を省察・観想し、主体的に関与しようとする意欲・態度	日常生活における差別意識を観想	6(20)	日常生活において家族の存在が重要であることについての気付き 家族に感謝しながら精一杯生きていこうとする意欲	14(46)
技能的側面	l 互いの相違を認めて受容する技能		0		0
	m 他者の痛みや感情を共感的に受容するための想像力や感受性	ハンセン病患者の心の痛みを想像	10(34)	拉致被害者の悲痛な心情を想像 拉致被害者の家族が大切な家族を救出するために社会に働きかけている状況を想像	13(43)
	n 自他を尊重するためのコミュニケーション技能		0		0
	o 偏見や差別を見きわめる技能	偏見による被害を防ぐために正しい知識が重要であることへの気付き	7(24)		0
	p 協力的・建設的に問題解決する技能		0		0
	q 複数の情報を合理的・分析的に思考する技能	差別が行われることに対する非難	6(20)		0

　一方、人権教育指導資料を使用した道徳授業記録から抽出された構成要素は、知識的側面「b 人権や人権課題の歴史・現状に関する知識」（50%）、「e 人権を擁護するための実践的知識」（16%）が確認できると共に、価値的・態度的側面「f 人間の尊厳の価値を感知する感覚」（30%）、「i 人権が尊重される社会を構築するための意欲や態度」（23%）、「j 人権侵害を受けている方々を支援しようとする意欲・態度」（20%）、「k 人権の観点から自己自身の行為を省察し、主体的に関与しようとする意欲・態度」（46%）や、技能的側面「m 痛みや感情を共感的に受容するための想像力や感受性」（43%）が抽出することができる。上記のことから、知識的側面、価値的・態度的側面、技能的側面の3側面に関する構成要素が複合的に抽出されたことが双方の共通点として確認できる。すなわち、人権課題を題材とした道徳授業は、「人権教育を通じて育てたい資質・能力」の3つの側面の育成にアプローチすることが特徴として挙げられる。

　これまでに人権擁護推進審議会答申（法務省，1999）[95] により、日本の学校教育における人権学習が、「知識を一方的に教えることにとどまっている」ことや、「人権感覚も十分に身についていない」という問題点が指摘されてきた。こうした中、人権課題を題材とした道徳授業からは、知識的な側面が抽出されると同時に、価値的・態度的側面と、技能的側面も同時に抽出されていることがわかる。このことから、人権課題を題材とした道徳授業実践は、人権に関する知的な理解のみにとどまらず、人権感覚の育成を同時に図ることにつながることが特質として挙げられる。

　なお、価値的・態度的側面「k 人権の観点から自己自身の行為を省察・観想し，主体的に関与しようとする意欲・態度」や、「i 人権が尊重される社会を構築するための意欲や態度」、「j 人権侵害を受けている方々を支援しようとする意欲・態度」、技能的側面「m 他者の痛みや感情を共感的に受容するための想像力や感受性」の構成要素が双方の授業記録から抽出されていることも双方に共通していることが分かる。こうした点は、人権侵害による被害者への心情や被害者の行動を想像したり、人権が尊重される社会の形成者として児童自らが日常生活における課題や目標を見つけたりしていることから、自己の生き方

についての考えを深める学習であったと捉えられる。

　上記のことを踏まえれば、人権課題を題材にした道徳授業実践は、人権課題を知識として理解するだけでなく、人権が侵害されている状態を感知して、それを許せないとするような、価値志向的な感覚の育成に波及効果があり、知的な理解にとどまっていない人権学習であることが考察できる。人権課題を題材にした道徳授業を実践することは、人権課題を一方的に理解させるのではなく、人権侵害を受けた方々の痛みを想像したり、人権の観点から日常生活を省察したりすることに波及効果があり、人権教育と道徳科の連動を図ることは、人権擁護推進審議会答申が指摘をしてきた課題を克服していく一つのアプローチになり得ると捉えられる。そして、道徳科の新設によって普及した道徳教科書教材を使用した授業記録から、人権感覚の育成や人権課題に関する知識的な側面に関する学習成果が抽出できたことは、道徳科の新設は人権課題を題材とした道徳教材が全国的に普及させる役割を果たしていることから、人権教育との関係性を新たな段階へと前に進めたことに寄与したといえよう。

第2節　新たな人権問題へのアプローチ

　2021年に中央教育審議会の答申「『令和の日本型学校教育』の構築を目指して ― 全ての子供たちの可能性を引き出す，個別最適な学びと，協働的な学びの実現」[96]が公表された。「Society5.0時代」の到来と先行き不透明な「予測困難な時代」にある中で、初等中等教育においては時代の変化に対応する教育活動の実施の取組みがますます重要性を増している。

　令和の初頭においては、新型コロナウイルス感染症の影響が全国的に拡大したことを受けて、国内においては新型コロナウイルス感染症緊急事態宣言が発出され、初等中等教育の実践の場では約1カ月間を臨時休校とすることが政府から要請された。その後、新型コロナウイルス感染症の感染者やその家族、完治した人や感染症に関連する偏見や差別意識の解消に向けた指導に向けて、文部科学省は日本赤十字社との連携を図り、「新型コロナウイルス"差別・偏見をなくそう"プロジェクト」を発足し、急激な社会変化への対応を図ってき

た。具体的には、児童・生徒が感染症に対する不安から陥りやすい差別や偏見などについて考える啓発動画や関連資料などを学校関係者に広く公開し、道徳授業実践の普及に努めてきたことが確認できる[97]。また、第 2 章の調査結果（表2-1）においても、「感染症に関わる人権問題（新型コロナウイルス感染症に関連する偏見や差別意識の解消）」を題材とした道徳教材ならびに指導例示が掲載されていることも確認できる。こうした点を踏まえれば、道徳科の教材開発は急激な社会変化への対応に向けた教育活動を実施していくための役割を担っている側面があると捉えられる。

　当該プロジェクトが小学校の高学年を対象とした道徳科の指導計画を整理したものが表6-2である。

　表6-2に着目すると、道徳科の授業実践として内容項目「公正，公平，社会正義」が設定されており、授業のねらいには、「誰に対しても差別することや偏見をもつことなく、公正、公平な態度で接し、正義の実現に努めようとする態度を育てる」と明示されていることが確認できる。また、当該プロジェクトで使用する啓発動画には、実際に児童・生徒の周りで起きている新型コロナウイルスに関する「差別・偏見」の具体的事例を提示し、なぜこのような「差別・偏見」の行動や考えが生まれてしまうのかを問いかけると共に、日本赤十字社が発信している「3つの感染症」（病気・不安・差別）の連鎖を断ち切るために、自分にできることを省察していく場面が設定されている。さらに、発問に関しては、自分の気持ちや考えを明らかにしていく「投影的発問」（永田，2019）[98] が指導計画に位置付けられており、学習者の問題意識を喚起していることが読み取れる。そして、指導計画の留意点に着目すると、「友達の意見を聞くことで、さらに差別・偏見に負けない心について考えを深めることができるようにする」や「差別・偏見に負けない心について、自分の心を見つめ直し、考えられるようにする」と明示されており、共通の正解を見いだすのではなく、一人ひとりが自己に向き合うことで道徳的諸価値の理解を深めていくように指導計画が設計されている。

　上記のことから、当該プロジェクトによって開発された道徳教材ならびに指導例示は、人権教育における道徳の時間（道徳科）の目標である「差別や偏

表6-2 「新型コロナウイルス"差別・偏見をなくそう"プロジェクト」指導計画

1　主題　差別や偏見に負けない心
2　内容項目　公正，公平，社会正義
3　ねらい　誰に対しても差別することや偏見をもつことなく、公正、公平な態度で接し、正義の実現に努めようとする態度を育てる。

過程	・主な学習活動　○発問	・指導上の留意点
導入	・新型コロナウイルス感染症に関する差別・偏見について知っていることや不安に思っていることをワークシートに記入する。 ・意見交流をする。 ・学習課題（めあて）を確認する。	・新型コロナウイルス感染症に関する報道などを想起させながら、不安に思っていることなどを記入するよう促す。 ・発表や話合い活動を行い、様々な意見があることに気付くようにする。
	差別・偏見に負けない心について考えよう	
展開	・映像を視聴する（考えてみようのところで映像を止める）。 ○3つの「感染症」の繰り返しを断ち切るためにできることは、何だろう。 ・3つの「感染症」の繰り返しを断ち切るためにどのような判断が大切かを考え、ワークシートに記入する。 ・意見交流をする。 ・映像の続きを視聴する。	・病気、不安、差別はつながっていて、それがくり返されてしまうことをおさえる。 ・自分は感染したくないという思いから、他人が信じられなくなったり、差別をしたりする心の弱さにふれる。 ・3つの「感染症」の繰り返しを断ち切るための判断や、家や学校で、自分にできることを考えるよう助言する。 ・子供が考えた不安や差別を断ち切る行為や判断に伴う気持ちについて考える。 ・友達の意見を聞くことで、さらに差別・偏見に負けない心について考えを深めることができるようにする。
終末	・授業を振り返り、実生活につなぐ。 ○新型コロナウイルス感染症の差別・偏見をなくすために、自分には何ができると思いますか。 ・差別・偏見をなくすために自分にできることを考え、ワークシートに記入する。	・差別・偏見に負けない心について、自分の心を見つめ直し、考えられるようにする。 ・ウイルスの感染、不安という気持ちの感染、差別や偏見という意識の感染を防ぐために大切なことを考えられるようにする。 ・数名を指名し、発表させることで、友達のよい考えや自分が気付いていなかったことを学級全体で共有できるようにする。

見に気付かせ、人間尊重の精神を育てる」ことに向けて、道徳科の特質を生かしつつ、「国内の個別的な人権課題」[99]にアプローチしているといえる。つまり、時代の変化に対応する教育活動は、人権教育と道徳科の連動を図ることを通して、全国的に広めることを目指してきたことが考察できる。

　さらに、当該プロジェクトは校内で啓発していくためのポスターや、保護者に向けた「おたより」を関連資料として提供しており、新型コロナウイルス感染症に関連する偏見や差別意識の解消に向けて道徳授業実践のみに留まっていない取組みであることも注目すべき点である。道徳科においては、家庭や地域と連携を図ることを充実させていくことが今後の課題[100]として挙げられている中で、上記の取組みは学校をプラットホームとして人権問題に関する偏見や差別意識の解消を目指した家庭や地域と連携していく一つのモデルだと捉えられる。すなわち、人権教育と道徳科が連動していくことは、学校教育を取り巻く社会情勢の変化や新たな人権問題に対応するための教育活動を社会全体で推し進めることにつながるといえよう。

第3節　人権感覚を基盤とした教育活動の充実

　人権教育においては、これまで知的理解に偏っていた人権に関する学習を、人権が持つ価値や重要性を直感的に感受し、それを共感的に受けとめるような感性や感覚を併せて育成していくことが指摘されており、人権感覚の育成が今後の課題として挙げられてきた。なお、文部科学省は人権感覚について以下のように説明をしている。

　　「人権感覚とは、人権の価値やその重要性にかんがみ、人権が擁護され、実現
　　されている状態を感知して、これを望ましいものと感じ、反対に、これが侵害さ
　　れている状態を感知して、それを許せないとするような、価値志向的な感覚であ
　　る。『価値志向的な感覚』とは、人間にとってきわめて重要な価値である人権が
　　守られることを肯定し、侵害されることを否定するという意味において、まさに
　　価値を志向し、価値に向かおうとする感覚であることを言ったものである。この
　　ような人権感覚が健全に働くとき、自他の人権が尊重されていることの『妥当性』

を肯定し、逆にそれが侵害されることの『問題性』を認識して、人権侵害を解決せずにはいられないとする、いわゆる人権意識が芽生えてくる。つまり、価値志向的な人権感覚が知的認識とも結びついて、問題状況を変えようとする人権意識又は意欲や態度になり、自分の人権とともに他者の人権を守るような実践行動に連なると考えられるのである」[101]

そして、「第三次とりまとめ」は、「児童生徒が、多くの時間を過ごすそれぞれの学級の中で、自他のよさを認め合える人間関係を相互に形成していけるようにすることが重要であり、このような観点から学級経営に努めなければならない」[102] と明示しており、自他尊重の意識・意欲・態度、実践的行動力を育成することを学校教育のあらゆる場で意識的に指導していく重要性が強調されている。

こうした中、2022 年に改訂された「生徒指導提要」には、「道徳科の授業では、その特質を踏まえ、生徒指導上の様々な問題に児童生徒が主体的に対処できる実効性ある力の基盤となる道徳性を身に付けることが求められており、道徳科の授業と生徒指導には以下のような相互補完関係があります」[103] と明示されており、「道徳科の授業の充実に資する生徒指導」の視点として、「①道徳科の授業に対する学習態度の育成」、「②道徳科の授業に資する資料の活用」、「③学級内の人間関係や環境の整備、望ましい道徳科授業の雰囲気の醸成」の3点が挙げられている。さらに、上記の視点に加えて、「生徒指導の充実に資する道徳科の授業」として、「①生徒指導を進める望ましい雰囲気の醸成」、「②道徳科の授業を生徒指導につなぐ」、「道徳科の授業展開の中で生徒指導の機会を提供」の3点が明示されている。

学校教育の実践の場においては、生徒指導上に関わる課題が複雑化、深刻化していることが否めない。こうした状況の中、道徳科の授業の一層の改善充実を図り、発達支持的生徒指導の充実が求められている。

本章第1節で述べたように、人権課題を題材とした道徳授業記録から、人権感覚の要素を担っている価値的・態度的側面や技能的側面に関する構成要素を抽出したことは、人権教育と道徳科の連動は人権感覚の育成に向けた側面を備えている。そして、人権教育と道徳科が連動していくことは、学校教育を取

り巻く社会情勢の変化や新たな人権問題にアプローチしていることを踏まえれ
ば、児童生徒の人権を保障に向けて「人権教育を通じて育てたい資質・能力」
の育成はますます重要性を増していくことが考察できる。

　そして、上記の教育活動を支える基盤として、教職員が日々の教育活動の
場において、個々の児童生徒の大切さを強く自覚し、児童生徒の心の痛みを十
分に想像していくことも必要不可欠である。人権教育と道徳科との連動や、教
職員の人権感覚をあらゆる教育活動の場で機能させていくことに向けて、一人
一人の児童生徒の人権を尊重することに向けた教職員の研修機会を十分に確保
していくことが双方の連動を図るための重要な取組みとなるだろう。

第4節　総　　括

（1）　各章の総括

　本書は、人権教育と道徳科の連動に向けた道徳教材の現状に着目し、双方
の接合点について帰納的な観点から検討を重ねてきた。最後に、本研究の総括
を試みる。

　第1章では、道徳科が新設に伴って創刊された道徳科教科書（東京書籍、学
校図書、教育出版、光村図書、日本文教出版、学研、廣済堂あかつき、光文書
院、日本教科書）を対象とし、人権課題と関連性がある読み物教材の傾向や特
色を整理した。そして、道徳科教科書から、人権課題と関連性がある読み物教
材や、新たに生起する現代的な差別や偏見に関する人権問題への取組みに関す
る教材を抽出し、国内の初等中等教育の場においては、人権教育と道徳科の連
動を可能とする道徳教材が全国的に普及したことを明らかにした。なお、道徳
科教科書には主たる教材として使用する義務が生じている。以上のことから、
道徳科の新設は人権教育と道徳授業の連動を図る機会を拡張することにつなが
り、双方の連動に向けて重要な転換点となったことを考察した。

　第2章では、地方公共団体から刊行されている人権教育指導資料に掲載され
ている人権課題と関連性がある教材の傾向や特色を検討した。本章では、道徳
科の新設という転換期において継続的に刊行され続けてきた「人権教育プログ

ラム」（2008 年度〜2022 年度）を調査することを通して、人権教育指導資料は道徳科の新設以前から、人権教育と道徳授業の連動に向けた道徳教材開発を継続的に進めてきたことを明らかにした。また、すべての道徳教材ならびに指導例示には、「内容項目」や「人権教育の視点」が明示されており、人権教育と道徳授業の接合点が継続的に学校教育の実践の場に向けて提示され続けてきたことを確認した。

さらに、人権教育指導資料には、道徳科教科書には掲載されていない「拉致問題」に関する道徳教材ならびに指導例示を供給していることを確認し、初等中等教育における拉致問題への理解促進に向けた役割を担っていることも明らかにした。一方で、「拉致問題」に関する道徳教材ならびに指導例示は、人権教育と道徳授業との連動を図る事例として全国的に周知されているものの、道徳科の趣旨や教科としての特質との親和性を保っているのかは検討の余地があるという課題が浮上した。

第3章では、道徳科教科書と人権教育指導資料に掲載されている人権課題と関連性がある読み物教材に設定されている内容項目の傾向と特色を検討した。道徳科教科書と人権教育指導資料に掲載されている内容項目は、C「主として集団や社会との関わりに関すること」の視点が多い傾向にあると共に内容項目「公正，公平，社会正義」が中核としての役割を担っていることを確認した。一方で、人権課題を題材にした道徳教材には多様な内容項目が双方の接合点として提示されており、人権課題を題材にした道徳教材開発を「公正，公平，社会正義」以外の内容項目でも進められていることも明らかにした。

また、本章では、人権教育と道徳科の接合点として位置付けられてきた「人権教育を通じて育てたい資質・能力」に関する先行研究に着目し、上記の資質・能力に関する国内の位置付けを検討した。「人権教育を通じて育てたい資質・能力」は、国際的な動向や研究成果を基に、国内固有の人権に関する問題にも教科横断的にアプローチしていくことを可能とする役割を担っており、双方の連動はグローバルな観点が基盤になっている。そして、それらを帰納的な観点から検討していく手掛かりとして、「人権教育を通じて育てたい資質・能力の構成要素」の位置付けを確認した。

　第4章では、拉致問題を題材とした道徳授業によって「人権教育を通じて育てたい資質・能力」の育成に寄与しているのかを実際の授業記録を基に分析を進めた。人権教育指導資料に道徳教材として掲載されている「拉致問題」を題材とした道徳授業記録を分析した結果として、「人権教育を通じて育てたい資質・能力の構成要素」の知識的側面（b, e）や、価値的・態度的側面（f, i, j, k）、技能的側面（m）の構成要素が抽出された。また、道徳科の内容項目「家族愛，家庭生活の充実」を基に児童が自己の生き方を省察している場面を確認し、内容項目（家族愛・家庭生活の充実）との親和性があることを確認した。

　道徳科教科書の創刊と同時期に掲載された「人権教教育プログラム」に掲載されている「拉致問題」の道徳教材ならびに指導例示を使用した道徳授業は、内容項目（家族愛・家庭生活の充実）と「人権教育を通じて育てたい資質・能力」を人権教育と道徳授業の接合点にすることで、道徳科の趣旨や目的を損なうことなく人権教育と道徳科の連動を図る役割を果たしてきたことを考察した。

　第5章では、道徳科教科書に掲載されている人権課題と関連性がある読み物教材を活用した道徳授業が、「人権教育を通じて育てたい資質・能力」の育成に寄与しているのかを実際の授業記録を基に分析を進めた。道徳教科書に掲載されている読み物教材「だれもが幸せになれる社会を」を使用した授業記録から、「人権教育を通じて育てたい資質・能力の構成要素」の知識的側面（b, d）と価値的・態度的側面（i, j, k）、技能的側面（m, o, q）の構成要素が複合的に抽出された。当該授業は道徳科の特質を活かしつつ、「人権教育を通じて育てたい資質・能力」の育成に寄与する実践であることを確認した。

　上記のことから、「人権教育を通じて育てたい資質・能力」の育成は道徳科教科書を使用した場合でも可能であり、上記の資質・能力は人権教育と道徳科の接合点としての役割を果たすことが可能であることを考察した。すなわち、本章の分析により、「人権教育を通じて育てたい資質・能力」の育成は、全国的な規模で人権教育と道徳授業の連動を図ることに向けた双方の接合点になり得ることを実践的な観点から考察した。

　第6章では、道徳科教科書と人権教育指導資料を使用した道徳授業の記録から抽出した「人権教育を通じて育てたい資質・能力の構成要素」の比較検討を実施した。上記の比較検討により、人権課題を題材にした道徳授業実践は、人権課題を知識として理解するだけでなく、人権が侵害されている状態を感知して、それを許せないとするような、価値志向的な感覚の育成に波及効果があり、知的な理解にとどまっていないことを考察した。また、道徳科の新設は人権課題を題材とした道徳教材が全国的に普及させる役割を果たし、人権教育との関係性を新たな段階へと前に進めていることを考察した。

　さらに、人権教育と道徳科の連動を図ることは、新たな人権問題に対しての教育活動の実施に向けて、重要な役割を担っていると共に、人権感覚を基盤とした教育活動の充実が今後、ますます重要であることを確認した。

（2）　本研究の総括

　人工知能（AI）や、ビッグデータ、Internet of Things（IoT）、ロボティクス等の先端技術が高度化してあらゆる産業や社会生活に取り入れられたSociety 5.0 時代が到来しつつある中で、人権尊重の理念は、社会の根底を支えていく上で重要な役割を担っている。

　これまで、人権教育と道徳教育との関連性については、相互に独立して捉えられてきた中で、国内固有の問題を含む人権課題や新たな人権問題による差別や偏見の是正に向けて、地方公共団体は人権教育と道徳授業の連動を図ることを試みてきた。なお、道徳科の新設によって人権課題と関連性がある読み物教材が全国的に普及し、人権教育と道徳授業を連動させる機会は拡張している傾向にある。

　道徳性は人格を形成し、普遍的な人権を尊重していくために欠かすことができない要素であり、初等中等教育において人権教育と道徳授業の連動を図ることは、人類が人間の尊厳を尊重し、差別や偏見のない社会を実現した営みである。すなわち、道徳科教科書と人権教育指導資料を計画的に併用し、人権教育と道徳科の連動による道徳授業の展開を推進していくことは、児童・生徒の人権感覚を涵養し、人類が過去の過ちを繰り返さないことにも寄与している教

育活動だといえよう。

　本書が、初等中等教育の実践の場が地道に蓄積してきた人権教育と道徳科の連動に向けた教育活動の様相を人類の財産として共有し、双方の連動の一助になることを期待したい。

注

95)　人権擁護推進審議会「人権尊重の理念に関する国民相互の理解を深めるための教育及び啓発に関する施策の総合的な推進に関する基本的事項について」（平成11年7月29日人権擁護推進審議会答申）1999年。

96)　中央教育審議会「『令和の日本型学校教育』の構築を目指して ― 全ての子供たちの可能性を引き出す，個別最適な学びと，協働的な学びの実現」、2021年。

97)　文部科学省公式HP　https://www.mext.go.jp/a_menu/coronavirus/mext_00122.html（2023.1.18検索）

98)　永田繁雄「しなやかな発問を生かして新時代の道徳授業をつくろう」、『考え、議論する道徳をつくる新発問パターン全集』、『道徳教育』編集部（編）、2019年、2-5頁。

99)　2021年に通知された「人権教育の指導方法等の在り方について［第三次とりまとめ］」の「補足資料」には、「国内の個別的な人権課題」として13の課題を挙げている中で、「⑩新型コロナウイルス感染症による偏見・差別への対応」が確認できる。

100)　「令和3年度　道徳教育実施状況調査報告書」によれば、「家庭や地域社会との連携・協力」を挙げている小・中学校は全体で47.6%であることが報告されている。

101)　前掲（36）、5頁。

102)　前掲（36）、14頁。

103)　文部科学省『生徒指導提要（改訂版）』、2022年、49頁。

資　料　編

　出典の資料についてはアルファベットで表記した（A 東京書籍、B 学校図書、C 教育出版、D 光村図書、E 日本文教出版、F 学研、G 廣済堂あかつき、H 光文書院、I 日本教科書、J 人権教育プログラム（2008）、K 人権教育プログラム（2009）、L 人権教育プログラム（2010）、M 人権教育プログラム（2011）、N 人権教育プログラム（2012）、O 人権教育プログラム（2013）、P 人権教育プログラム（2014）、Q 人権教育プログラム（2015）、R 人権教育プログラム（2016）、S 人権教育プログラム（2017）、T 人権教育プログラム（2018）、U 人権教育プログラム（2019）、V 人権教育プログラム（2020）、W 人権教育プログラム（2021）、X 人権教育プログラム（2022）。

　道徳科教科書と人権教育指導資料に掲載されている人権課題と関連している道徳教材を抽出・整理したものである。第1列から右に人権課題（①女性、②子供、③高齢者、④障害者、⑤同和問題、⑥アイヌの人々、⑦外国人、⑧HIV 感染者・ハンセン病患者等、⑨刑を終えて出所した人、⑩犯罪被害者等、⑪インターネットによる人権侵害、⑫拉致問題、⑬その他）を示している。

　そして、右側の列には、小学1・2年（上段が1年、下段が2年）、小学3・4年（上段が3年、下段が4年）、小学5・6年（上段が5年、下段が6年）、中学1年、中学2年、中学3年ごとに出典をアルファベットで表記すると共に教材番号と教材名は「　」で表記している。

人権課題と関連している道徳教材一覧

	内容項目	小学1, 2年	小学3, 4年	小学5, 6年	中学1年	中学2年	中学3年
	善悪の判断, 自律, 自由と責任						
	正直, 誠実						
	自主, 自律, 自由と責任						
	節度, 節制						
	個性の伸長						
	向上心, 個性の伸長					U①「私だって」	
	希望と勇気, 努力と強い意志						
	希望と勇気, 克己と強い意志						
	真理の探究						
	真理の探究, 創造						
	親切, 思いやり		C⑮「電車の中で」	H㊳「バスと赤ちゃん」			
	感謝						
女性	思いやり, 感謝						
	礼儀						
	友情, 信頼			A㉓「心のレシーブ」 B⑧「言葉のおくりもの」 D⑭「絵地図の思い出」 E⑦「古いバケツ」 F⑩「言葉のおくりもの」 H⑭「ドッジボールを百倍楽しくする方法」 A⑱「言葉のおくりもの」 C④「絵地図の思い出」 E⑤「言葉のおくりもの」 H⑤「陽子、ドンマイ！」 P①「がんばれ応援団長」	A⑮「班での出来事」 D㉛「親友」 E⑬「部活の帰り」 F㉖「クラスメイト」 G⑥「アイツ」 I⑧ (2)「リョウとマキ〜First Love〜」	B④「ゴリラのまねをした彼女を好きになった」 C⑬「たすきとポンポン」 G㉛「アイツとセントバレンタインデー」 N①「私だって」 I⑧ (1)「リョウとマキ〜Triangle Zone〜」	B⑥「五月の風」 E㉕「ゴリラのまねをした彼女を好きになった」 I⑧ (3)「リョウとマキ〜Stand by Me〜」
	相互理解, 寛容						

内容項目	小学1，2年	小学3，4年	小学5，6年	中学1年	中学2年	中学3年
規則の尊重						
遵法精神，公徳心						G㉙「ベビーカー論争」
公正，公平，社会正義						
勤労，公共の精神						
社会参画，公共の精神						E⑳「自分・相手・周りの人」
勤労						
家族愛，家庭生活の充実		E⑱「お母さんのせいきゅう書」G⑯「ぼくがいるよ」G㉒「ブラッドレーのせいきゅう書」A㉔「お母さんのせいきゅう書」D㉒「ブラッドレーのせい求書」F⑭「お母さんのせい求書」H⑥「お母さんのせいきゅう書」	E㉓「家族のために」F⑫「ぼくがいるよ」			
よりよい学校生活，集団生活の充実						
伝統と文化の尊重，国や郷土を愛する態度						
郷土の伝統と文化の尊重，郷土を愛する態度						
我が国の伝統と文化の尊重，国を愛する態度						
国際理解，国際親善						
国際理解，国際貢献						
生命の尊さ						
自然愛護						
感動，畏敬の念						
よりよく生きる喜び						

女性

140

内容項目		小学1, 2年	小学3, 4年	小学5, 6年	中学1年	中学2年	中学3年
子供	善悪の判断, 自律, 自由と責任	A⑯「ダメ」 B⑥「あなたなら、どうする？」 B㉔「学校のかえりみち」 C⑰「ダメ！」 D⑮「やめなさいよ」 E㉗「やめろよ」 F②「はりきりいちねんせい」 F㉙「うんどうぐつ」 G㉒「けいじばんのらくがき」 H⑮「ぼくはいかない」	B④「よわむし太郎」 D④「たった一言」 D⑬「よわむし太郎」 F⑧「あと、ひと言」 F㉟「言い出せなくて」 G⑪「よわむし太郎」 H㉓「思い切って言ったらどうなるの？」 H㉘「うわさ話・つらい気もち」	E⑱「うばわれた自由」 G⑨「金曜日の班活動」			
		A⑱「おれたものさし」 B⑤「聞こえなかったお話」 B㉑「思いきって」 B㉜「こくばんといちょうの木」 C⑲「つよいこころ」 E㉒「ある日のくつばこで」 F⑩「メイとケンプ」 G㉘「カメタのなみだ」 H⑱「くつかくし」 H⑲「レッドカード」	B㉛「近道」 C④「ほっとけないよ」 E⑱「遠足の朝」 E㉛「よわむし太郎」 F⑦「クラスたいこう全員リレー」 F⑮「友達が泣いている」 G㉒「げんたの消しごむ」 G㉓「正しいことは勇気をもって」 H③「サッカーボール」	B⑰「私の知らないところで」 E③「ほんとうのことだけど……」 F㉔「会話のゆくえ」			
	正直, 誠実	B⑯「金いろのクレヨン」	B㉑「びしょぬれの本」 B㉕「まどガラスと魚」	B⑬「手品師」			
		B㉓「ねこがわらった時」	B①「われた花びん」 B㉑「ナシの実」	B㉑「ヤクーバとライオン」			
	自主, 自律, 自由と責任				A⑥(1)「傍観者でいいのか」 A⑥(2)「ふたつの心」 B③「博史のブログ」 D①「自分で決めるって？」 D㉘「裏庭での出来事」 E⑮「二人の約束」 F⑨「裏庭での出来事」	A⑤(1)「あの子のランドセル」 A⑤(2)「どんなことでも相談し合える仲間に」 D㉔「許せないよね」 E⑥「五月の風—カナ」	A⑤(1)「ある日の午後から」 A⑤(2)「いじめから目をそむけない」 D⑤「『知らないよ。』」 D⑭「三年目の『ごめんね』」 G⑭「ピヨ子」

	内容項目	小学1, 2年	小学3, 4年	小学5, 6年	中学1年	中学2年	中学3年
子供	節度, 節制	B⑫「かぼちゃのつる」 B③「べんきょうがはじまるよ」	B㉛「良太のるすばん」 A⑩「いっしょになって、わらっちゃだめだ」				
	個性の伸長	F⑫「ぼくのこときみのこと」	B㉘「清のゆめ―山下清―」 E⑤「石ころを見つめてみたら……」 D⑮「みんなちがって、みんないい」 F㉟「ばんざい大きな花まる」	B㉘「明の長所」 E④「マンガ家手塚治虫」 H⑯「短所も長所」 E④「それじゃ、ダメじゃん」 F①「自分は自分」			
	向上心, 個性の伸長				A④「自分の性格が大嫌い！」 E⑦「トマトとメロン」		A⑥「ぼくにもこんな『よいところ』がある」 D⑦「がんばれおまえ」
	希望と勇気, 努力と強い意志	B㉞「だいじょうぶ、キミならできる！」 F⑳「おらもいしゃになる」	B㉕「ゆめに向かって、ジャンプ！」				
	希望と勇気, 克己と強い意志						
	真理の探究						
	真理の探究, 創造						
	親切, 思いやり	C⑲「はしの上のおおかみ」 C⑳「ねずみくんのきもち」 D⑭「はしのうえのおおかみ」 E⑨「はしのうえのおおかみ」 F㉔「はしの上のおおかみ」 H㉓「はしのうえのおおかみ」 A⑲「かっぱわくわく」 B⑨「ごめんね、もえちゃん」 E㉚「ぐみの木と小鳥」 F㉝「公園のおにごっこ」	B㉞「千羽づるのおみまい」 D⑯「持ってあげる？食べてあげる？」 F㉔「ぽかぽか言葉」	A⑨「ノンステップバスでのできごと」 F⑨「台湾からの転入生」 F㉚「行為の意味」			
	感謝						

内容項目		小学1，2年	小学3，4年	小学5，6年	中学1年	中学2年	中学3年
思いやり，感謝					Á㉑(1)「その人が本当に望んでいること」C④「不自然な独り言」D㉟「旗」D㊱「橋の上のおおかみ」	C㉜「地下鉄で」D⑩「松葉づえ」F②「旗」	F㉛「五井先生と太郎」
礼儀			B㉔「ごあいさつごあいさつ」B㉛「まいちゃんのえがお」G㉔「ふわふわことばちくちくことば」	E③「あいさつ運動」			
友情，信頼	子供	A⑰「こころはっぱ」B⑨「二わのことり」D㉕「二わのことり」E⑦「ぞうさんとおともだち」E㉕「二わのことり」E㉝「ゆっきとやっち」G⑳「およげないりすさん」G㉚「二わのことり」H㉛「二わのことり」	A⑦「いいち、にいっ、いいち、にいっ」B②「貝がら」B⑱「同じなかまだから」D⑤「友だち屋」E④「さと子の落とし物」E㉝「たっきゅうは四人まで」F①「貝がら」F⑩「明るくなった友だち」G⑥「貝がら」H①「友だち屋」H⑮「ないた赤おに」H㉛「きょうりょくクラス」	C⑦「知らない間のできごと」E㉚「知らない間のできごと」F⑩「言葉のおくりもの」H⑭「ドッジボールを百倍楽しくする方法」	A⑥(2)「ふたつの心」A⑮「班での出来事」B⑭「いつも一緒に」D㉛「親友」E⑥「近くにいた友」E㉙「旗」F㉚「吾一と京造」I⑧(1)「いつもいっしょに」	A⑤(2)「どんなことでも相談し合える仲間に」A⑥「ゴール」A⑰「みんなでとんだ！」B⑲「心から信頼し、高め合う」C㉖「本当の友達って」D⑤「友達はライバル」D⑧「違うんだよ、健司」D㊱「泣いた赤おに」E⑦「五月の風—ミカ—」F⑦「サキとタク」	A㉑「合格通知」B⑰「鏡の中の私」
		B⑫「ゆっきとやっち」C⑫「みほちゃんと、となりのせきのますだくん」D⑧「ぶらんこ」E⑥「およげないりすさん」G㉚「森のともだち」H⑪「なかよしでいたい」H⑳「モムンとヘーテ」	B⑧「ともだちやもんな、ぼくら」C⑯「仲間だから」F⑪「泣いた赤おに」G⑮「同じ仲間だから」H⑪「ゲームのやくそく」H⑭「ブラジルからの転入生」	A⑩「ばかじゃん！」B②「友の肖像画」D⑬「コスモスの花」E⑤「言葉のおくり物」E⑰「ロレンゾの友達」F⑮「ロレンゾの友達」F⑱「ひとみと厚」			
相互理解，寛容			B㉒「なかよしタイム」C⑥「今度はぼくの番かな」	B⑤「すれちがい」D④「すれちがい」	A⑤「いじめに当たるのはどれだろう」C⑦「「いじ	B⑮「茂の悩み」C①「まるごと好きです」	C⑦「あなたは顔で差別をしますか」D⑨「アイツ

内容項目	小学1, 2年	小学3, 4年	小学5, 6年	中学1年	中学2年	中学3年
子供		E㉛「心をしずめて」 X⑭「ぼくの友達」	E⑰「折れたタワー」 E㉙「すれちがい」 G⑭「半助の投あみ」 H⑦「まかせてみようよ」 H⑧「みんなの劇」 H㉒「約束」	り」?」「いじめ」?」 C⑰「ショートパンツ初体験inアメリカ」 D⑦「私の話を聞いてね」 D⑭「言葉の向こうに」 E㉚「自分だけ「余り」になってしまう……」	D⑯「ジコチュウ」 D㉗「『桃太郎』の鬼退治」 F⑳「言葉の向こうに」	とオレ」 D㉖「恩讐の彼方に」 E⑧「思いを伝えることの難しさ」 F⑪「笛」 F㉒「どうして?」
		B㉖「話し合いでのできごと」 D㉜「学級会での出来事」 E⑥「ちこく」 E㉚「わかっているはずだから」 F㉚「へらぶなつり」 H①「貝がら」 H⑰「学級新聞作り」	B⑱「高とびの選手はだれがなる」 B㉛「銀のしょく台」 D⑩「みんな、おかしいよ!」 D㉓「どうすればいいの?」 E㉒「『ダン』をどうする?」 E㉙「ブランコ乗りとピエロ」 F⑪「お別れ会」 F㉕「ブランコ乗りとピエロ」 H㊲「あやまってすむことじゃない」			
規則の尊重			A⑪「ピアノの音が……」 D②「世界人権宣言から学ぼう」 F②「どんな心が見えますか」			
遵法精神, 公徳心				C⑮「ルールとマナー」		F⑧「インターネットと共に」
公正, 公平, 社会正義	B㉗「おおい?すくない?」 C㉖「みんながえがおに」 D⑳「ジャングルジム」 D㉚「あしたはえんそく」 E⑩「もりのぷれぜんと」 E⑳「かずやくんのなみだ」 F⑧「じゃんけんぽん」 F⑭「げんき	B㉚「大なわとび」 C⑰「悪いのはわたしじゃない」 D⑭「なおとからのしつもん」 D㉚「道夫とぼく」 E⑲「同じなかまだから」 E㉚「ぼくのボールだ」 F⑳「しんぱ	A⑧「転校生がやってきた」 B㉒「マリアン・アンダーソン」 C⑲「モントゴメリーのバス（キング牧師)」 C⑳「だれかをきずつける機械ではない」 D⑤「どうすればいいのだろう」	A㉞付録「いじめっ子の気持ち」 B㉟「卒業文集最後の二行」 C⑱「あなたならどうしますか」 D⑩「魚の涙」 D⑰「やっぱり樹里は」 E⑤「さかなのなみだ」 F④「うわさで決めるの?」	A④「私のせいじゃない」 B⑦「傍観者でいいのか」 B㉘「自分らしい多様な生き方を共に実現させるためにできること」 C⑥「わたしのせいじゃない」 C⑳「最優秀」 D㉒「明日、みんなで着よう」	A④「無実の罪」 A㉓「伝えたいことがある」 B㉔「僕たちがしたこと」 C⑮「卒業文集最後の二行」 C㉛「それでも僕は桃を買う」 D⑩「ぼくの物語あなたの物語」 E⑦「卒業文集最後の二行」

	内容項目	小学1, 2年	小学3, 4年	小学5, 6年	中学1年	中学2年	中学3年
子供		なてるくんと」 G㉖「ちいちゃんとブルくん」 H⑬「ぶうたのやくめ」	んは自分たちで」 G㉜「母のせなか――渋沢栄一――」 H㉞「お日さまの心で」	D㉛「だれもが幸せになれる社会を」 E⑤「名前のない手紙」 F㉑「いじめをなくすために」 G⑬「魚の世界」 H⑪「ガンジーのいかり」 H⑮「『スイミー作戦』『ガンジー作戦』」	F㉓「公平とはなんだろう」 G⑨「ヨシト」 G㉕「ある日のバッターボックス」 I⑪(2)「永久欠番42」	E⑧「リスペクトアザース」 E㉔「ヨシト」 F④「ソムチャイ君の笑顔」 G⑨「君、想像したことある？」 G㉓「路上に散った正義感」 I⑪(2)「こんなとき、どうしたらいいの？」 U②「傍観者でいいのか」	F㉕「卒業文集最後の二行」 G⑧「卒業文集最後の二行」 G㉒「虹の国――ネルソン・マンデラ――」 I⑪(1)「ニュースで討論「支え合いは当たり前」」 X②「まるでウイルスみたいに…。」
		B㉕「だれからかこうかな」 C⑥「たっくんも いっしょに」 D⑯「およげないりすさん」 D㉜「雨ふり」 E㉑「三びきは友だち」 E㉙「ドッジボール」 F③「およげないりすさん」 F㉕「つくえふき」 G㉙「だれにたくさん あげようかな」 H⑧「やさい村の子供たち」 H㉑「のこぎり山の大ぶつ」	B㉓「ひとりぼっちの登君」 C⑦「プロレスごっこ」 D⑭「ひとりぼっちのYちゃん」 D㉚「ちょっと待ってよ」 E⑦「決めつけないで」 E⑲「いじりといじめ」 F㉕「えっ、どうして」 G㉖「わたしにはゆめがある――マーティン・ルーサー・キング・ジュニア―」 H⑳「良太のはんだん」	B③「さわってごらん、ぼくの顔」 C⑰「ひきょうだよ」 D⑭「泣き虫」 D㉙「私には夢がある」 E㉜「これって不公平？」 E㉚「わたしのせいじゃない」 G⑥「苦い思い出」 H㉗「森川君のうわさ」 L②「ユリのうしろ姿」 R②「ユリのうしろ姿」 W②「ユリのうしろ姿」			
	勤労, 公共の精神						
	社会参画, 公共の精神				I⑫(1)「プロレスごっこ」	A③「住みよい社会に」 D⑰「ちがいの意味を見直す」	
	勤労						
	家族愛, 家庭生活の充実			G⑱「ぼくの名前よんで」	C⑨「ごめんね、おばあちゃん」	C㉓「飛鳥へ、そしてまだ見ぬ子へ」	G②「スダチの苗木」
	よりよい学校生活, 集団生活の充実	F⑦「めだかのめぐ」 H㉒「すてきなことば『あ ふたゆう』」	A⑥「しょうたの手紙」 F⑬「なかよしポスト」 H㉚「四人五きゃく」		E⑯「むかで競走」	D①「テニス部の危機」 E㉓「ハイタッチがくれたもの」	D㉙「巣立ちの歌が聞こえる」 F㉛「私たちの合唱コンクール」
		D⑮「クラスの大へんしん」		E⑱「みんなで劇を作ろう」			

内容項目	小学1, 2年	小学3, 4年	小学5, 6年	中学1年	中学2年	中学3年
伝統と文化の尊重, 国や郷土を愛する態度						
郷土の伝統と文化の尊重, 郷土を愛する態度						
我が国の伝統と文化の尊重, 国を愛する態度						
国際理解, 国際親善	B㉛「いってみたいな、せかいのくにへ」 F⑱「となりのジェニーちゃん」 B⑬「かえるのおり紙」	F⑥「アメリカから来たサラさん」	B㉓「ブータンに日本の農業を」			
国際理解, 国際貢献				B⑭「大人たちの都合で無数の子供の命が」	G㉝「最も悲しむべきことは、病めることでも貧しいことでもなく」	A㉙「その子の世界、私の世界」・「そのこ」 C㉓「あふれる愛」 E㉛「本とペンで世界を変えよう」
生命の尊さ	H㊴「さるのおかあさん・サヤカ」	B⑥「ふしぎのふしぎ」 A⑨「わたしの見つけた小さな幸せ」 B⑳「電池が切れるまで」 B㉔「いのちのおはなし」 B㉝「いのちのまつり」	B㉚「氷原を走る犬ぞり」 B㉝「たったひとつのたからもの」 D⑥「命の詩—電池が切れるまで」 E②「『命』」 F⑥「電池が切れるまで」 F⑳「母とながめた一番星」	C①「あなたがうまれたひ」 C⑳「いのちを考える」 C㉘「よく生きること、よく死ぬこと」 I⑲ (1)「過去からのメッセージ」 I⑲ (2)「誰かのために」	C⑦「たったひとつのたからもの」 C㉑「国境なき医師団・貫戸朋子」 I⑲ (1)「コンスタンチン君命のリレー」 I⑲ (2)「キミばあちゃんの椿」	C⑥「ハゲワシと少女」 C⑫「ニワトリ」 C㉖「家族の思いと意思表示カード」 I⑲ (1)「ひさの星」 I⑲ (2)「臓器移植をめぐる命と心」 I⑲ (3)「いのちの絆」
自然愛護	B⑰「がんばれ！ 車いすのうさぎぴょんた」 B⑯「からすの子」					

（左欄見出し：子供）

	内容項目	小学1，2年	小学3，4年	小学5，6年	中学1年	中学2年	中学3年
子供	感動，畏敬の念	B⑪「とべない ほたる」	B⑥「十才の プレゼント」 B⑯「ひさの 星」				
	よりよく生きる喜び			E①「のび太に学ぼう」 H㉟「マララ・ユスフザイ―一人の少女が世界を変える―」	C㉓「私に宇宙のプレゼント」 D㉖「銀色のシャープペンシル」		A⑤(2)「いじめから目をそむけない」 D⑧「足袋の季節」 I㉒(1)「いつかは言いたい二度目のごめん」
	善悪の判断，自律，自由と責任	B⑱「すっきりはればれ」					
	正直，誠実						
	自主，自律，自由と責任						
	節度，節制						
	個性の伸長						
	向上心，個性の伸長						
	希望と勇気，努力と強い意志						
	希望と勇気，克己と強い意志						
	真理の探究						
	真理の探究，創造						
高齢者	親切，思いやり	A㉔「はなばあちゃんがわらった」 F⑤「はやとのゴール」 H⑭「おとしよりといっしょに」	E⑨「おじいちゃんとの楽しみ」 G㉕「落ちていたきっぷ」 G㉞「拾ったりんご」 H㊲「おばあちゃんのコースター」				
			C②「心と心のあく手」 E⑭「心と心のあく手」 G⑨「心と心のあく手」 H⑲「せきが空いているのに」	A㉘「心に通じた『どうぞ』のひとこと」 G①「おばあちゃんの指定席」			
	感謝		B⑧「ありがとう大塚さん」 H㉙「おばあちゃんのおせち」				

内容項目	小学1，2年	小学3，4年	小学5，6年	中学1年	中学2年	中学3年
	H㉔「はたけの先生」	B㉞「だがし屋のおばあちゃん」C⑫「学校の歴史」	B㉖「おばあさんの新聞」			
思いやり，感謝				D⑧「席を譲ったけれど」	G⑪「ありガトオヨ」G㉖「最後の年越しそば」I⑥「百歳の詩人」	B③「女子高生たちの親切」C⑰「足袋の季節」F⑬「電車の中で」
礼儀		G②「電話のおじぎ」				G⑮「席を譲られて」
友情，信頼				E⑬「部活の帰り」		E⑨「違うんだよ，健司」
相互理解，寛容					E㉕「コトコの涙」	I⑨「席を譲ってはいけないのですか」
規則の尊重		H⑥「心の優先席」				
遵法精神，公徳心						
公正，公平，社会正義			M③「長野さんとぼく」R③「長野さんとぼく」X③「長野さんとぼく」			
勤労，公共の精神		A㉒「ことぶき園に行ったよ」	A㉑「わたしのボランティア体験」G㉘「牛乳配り」			
社会参画，公共の精神				A⑧「楽寿号に乗って」G⑰「加山さんの願い」	B㉒「加山さんの願い」F㉓「未来から来たおじいさん」	A⑲「加山さんの願い」E㉑「自分・相手・周りの人」
勤労					I⑬(2)「加山さんの願い」	
家族愛，家庭生活の充実	C⑨「おじいちゃん大すき」	A㉙「ぼくのおばあちゃん」C⑨「わたしの妹かな」D㉘「百六さい、おめでとう、ひいばあちゃん」	B⑨「その思いを受け継いで」C㉑「わたしにできることを」D⑧「祖母のりんご」G㉛「ごめんね、おばあちゃん」	C⑨「ごめんね、おばあちゃん」D③「さよならの学校」E㉔「家族と支え合うなかで」F⑦「黒い弁当」I⑭(1)「形見」	A㉙「ごめんね、おばあちゃん」C㉓「飛鳥へ、そしてまだ見ぬ子へ」G㉗「一冊のノート」	B㉞「一冊のノート」D㉚「一冊のノート」E⑥「一冊のノート」F⑯「一冊のノート」I⑭(1)「一冊のノート」W③「一冊のノート」
	E㉗「おばあちゃんお元気ですか」	B⑮「ベッドの上の花ふぶき」	A④「おばあちゃんのさがしもの」			

高齢者

	内容項目	小学1, 2年	小学3, 4年	小学5, 6年	中学1年	中学2年	中学3年
高齢者		G⑭「おばあちゃんのおふろ」 H⑮「わたしのおじいさん、おばあさん」	B㉟「みそしると自転車」	Q③「おばあちゃんの背中」 U③「おばあちゃんの背中」 V③「おじいちゃんに学んだこと」			
	よりよい学校生活, 集団生活の充実						
	伝統と文化の尊重, 国や郷土を愛する態		B㉗「おばあちゃんのおせち」				
	郷土の伝統と文化の尊重, 郷土を愛する態度						
	我が国の伝統と文化の尊重, 国を愛する態度						
	国際理解, 国際親善						
	国際理解, 国際貢献						
	生命の尊さ		C㉘「おばあちゃんとの思い出」 D㉝「おじいちゃんのごくらくごくらく」	G㉓「その思いを受けついで」 D㉛「おじいちゃんとの約束」 E㉗「その思いを受けついで」 F⑩「その思いを受けついで」	D⑯「エルマおばあさんからの『最後の贈りもの』」 E⑳「あふれる愛」	I⑲ (2)「キミばあちゃんの椿」	D㉓「命の選択」
	自然愛護						
	感動, 畏敬の念						
	よりよく生きる喜び						
障害者	善悪の判断, 自律, 自由と責任						
	正直, 誠実			G㉘「兵後さんのパラリンピック」			
	自主, 自律, 自由と責任						
	節度, 節制						
	個性の伸長						

内容項目	小学1, 2年	小学3, 4年	小学5, 6年	中学1年	中学2年	中学3年
向上心，個性の伸長				I③ (1)「オレは最強だ！」		
希望と勇気，努力と強い意志			E⑯「ヘレンと共に―アニー・サリバン―」F⑱「ライバルは自分自身」G㉚「ヘレンと共に―アニー・サリバン―」			
		B㉕「ゆめに向かって，ジャンプ！」D㉗「より遠くへ」G⑧「文字を書く喜び」	B①「折り紙でたくさんの笑顔を」C①「人生を変えるのは自分(秦由加子)」			
希望と勇気，克己と強い意志				C㉛「夢への挑戦『バラカヌー』」D⑤「ヘレンと共に――アニー・サリバン」G㉚「終わりなき挑戦―成田真由美―」	D⑭「夢を求めてパラリンピック」	C㉔「片足のアルペンスキーヤー・三澤拓」F㉜「スポーツの力 佐藤真海」G⑥「優しいうそ」
真理の探究			B㉕「見えない人に幸せを」H⑩「技術で『障がい』をなくしたい―遠藤 謙―」			
真理の探究，創造					F㉕「ものづくり」	
親切，思いやり		B㉙「さしのべた右うで」C⑤「わたしたちの『わ』」D㉙「みんながくらしやすい町」	A⑨「ノンステップバスでのできごと」D㉘「マークが伝えるもの」			
	F㉝「公園のおにごっこ」	A③「なにかお手つだいできることはありますか？」B②「ぼくのちかい」B㉙「心を結ぶ一本のロープ」D㉛「思いやりのかたち」F⑨「心の信号機」H⑲「せきが空いているのに」	A⑦「車いすでの経験から」C③「父の言葉(黒柳徹子)」F⑧「ある日，町の中で」G⑯「車いすの少女」			
感謝						

障害者

内容項目	小学1，2年	小学3，4年	小学5，6年	中学1年	中学2年	中学3年
思いやり，感謝				A㉑(2)「思いやりの日々」C④「不自然な独り言」D⑮「父の言葉」I⑥(1)「二枚のチケット」I⑥(2)「朝の地下鉄」	A㉘「愛」	F⑬「電車の中で」F㉛「五井先生と太郎」
礼儀						
友情，信頼				E⑬「部活の帰り」		
相互理解，寛容				C⑰「ショートパンツ初体験inアメリカ」D⑦「私の話を聞いてね」F㉑「ふと目の前に」	E㉕「コトコの涙」	
規則の尊重			G㉒「ぼくは伴走者」			
遵法精神，公徳心						
障害者 公正，公平，社会正義		F㉕「パラリンピックにねがいをこめて」F④「ヘレン・ケラー物語」	J④「桃色のクレヨン」N④「ノンステップバスでの出来事」S④「桃色のクレヨン」	B①「誰も知らない」E⑱「公平と不公平」G㉕「ある日のバッターボックス」R④「あなたには見えていますか」V④「あなたには見えていますか」	I⑪(2)「こんなとき、どうしたらいいの？」	E⑲「命の大切さ」I⑪(1)「ニュースで討論「支え合いは当たり前」」
勤労，公共の精神		A㉞「点字メニューにちょうせん」				
社会参画，公共の精神					A㉑「今度は私の番だ」G㉚「迷惑とは何ぞ」	C⑪「鳩が飛び立つ日～石井筆子～」E⑤「No Charity, but a Chance!」E㉑「自分・相手・周りの人」
勤労				E㉜「役に立つことができるかな」		F㉝「『血の通った義足』を作りたい」
家族愛，家庭生活の充実		A⑲「耳の聞こえないお母さんへ」	G⑱「ぼくの名前よんで」		E㉟「きいちゃん」	I⑭(2)「迷わず選ぶ」

	内容項目	小学1，2年	小学3，4年	小学5，6年	中学1年	中学2年	中学3年
障害者				D㉝「ぼくの名前呼んで」			
	よりよい学校生活，集団生活の充実				G㉟「二枚の写真」		
	伝統と文化の尊重，国や郷土を愛する態度						
	郷土の伝統と文化の尊重，郷土を愛する態度						
	我が国の伝統と文化の尊重，国を愛する態度						
	国際理解，国際親善	H⑬「オリンピックと パラリンピックの はた」					
	国際理解，国際貢献						D㉕「希望の義足」
	生命の尊さ			B㉔「カザルスの鳥の歌」	A⑬「決断！骨髄バンク移植第一号」E⑳「あふれる愛」F⑲「たとえ僕に明日はなくとも」	A㉖「奇跡の一週間」E④「最後のパートナー」	
	自然愛護						
	感動，畏敬の念						
	よりよく生きる喜び			C㉙「花に思いをこめて（星野富弘）」A㉓「義足の聖火ランナー」E①「スポーツの力」	A㉗「花に寄せて」F⑫「いっぱい生きる 全盲の中学校教師」I㉒(2)「レーナ・マリアの挑戦」	B㉕「『これ以上、がんばれない。』って平気な顔で言うな。」E①「自分の弱さと戦え」I㉒(1)「絶望からの生還」	G⑫「ひまわり」
アイヌの人々	善悪の判断，自律，自由と責任						
	正直，誠実						
	自主，自律，自由と責任						
	節度，節制						
	個性の伸長						
	向上心，個性の伸長						

	内容項目	小学1，2年	小学3，4年	小学5，6年	中学1年	中学2年	中学3年
アイヌの人々	希望と勇気，努力と強い意志						
	希望と勇気，克己と強い意志						
	真理の探究						
	真理の探究，創造						
	親切，思いやり						
	感謝						
	思いやり，感謝						
	礼儀						
	友情，信頼						
	相互理解，寛容						
	規則の尊重						
	遵法精神，公徳心						
	公正，公平，社会正義						
	勤労，公共の精神						
	社会参画，公共の精神						
	勤労						
	家族愛，家庭生活の充実						
	よりよい学校生活，集団生活の充実						
	伝統と文化の尊重，国や郷土を愛する態度			C㉞「アイヌのほこり（宇佐照代）」			
	郷土の伝統と文化の尊重，郷土を愛する態度						
	我が国の伝統と文化の尊重，国を愛する態度						
	国際理解，国際親善						
	国際理解，国際貢献						
	生命の尊さ						
	自然愛護						
	感動，畏敬の念						C㉟「カムイモシリとアイヌモシリ」

内容項目	小学1, 2年	小学3, 4年	小学5, 6年	中学1年	中学2年	中学3年
よりよく生きる喜び						
善悪の判断, 自律, 自由と責任						
正直, 誠実						
自主, 自律, 自由と責任						
節度, 節制						
個性の伸長						
向上心, 個性の伸長						
希望と勇気, 努力と強い意志						
希望と勇気, 克己と強い意志						
真理の探究						
真理の探究, 創造						
親切, 思いやり			F⑨「台湾からの転入生」			
感謝			D㉖「五十五年目の恩返し」			
思いやり, 感謝						F②「『ありがとう。』の不思議な力」
礼儀						
友情, 信頼		H⑭「ブラジルからの転入生」				
相互理解, 寛容				D⑦「私の話を聞いてね」		
規則の尊重						
遵法精神, 公徳心						
公正, 公平, 社会正義		G㉖「わたしにはゆめがある―マーティン・ルーサー・キング・ジュニア―」	H㉔「六千人の命を救った決断 ―杉原千畝―」 O⑦「ドンマイ」 X⑦「ドンマイ」	D⑰「やっぱり樹里は」	D㉒「明日、みんなで着よう」 F④「ソムチャイ君の笑顔」 I⑪ (1)「キスからもらった勇気」	G㉒「虹の国―ネルソン・マンデラ―」
勤労公共の精神			B㉒「オリンピックのくれたもの」			
社会参画, 公共の精神					D⑰「ちがいの意味を見直す」	
勤労						

外国人

内容項目	小学1, 2年	小学3, 4年	小学5, 6年	中学1年	中学2年	中学3年
家族愛, 家庭生活の充実						
よりよい学校生活, 集団生活の充実						
伝統と文化の尊重, 国や郷土を愛する態度			F㉞「ペルーは泣いている」			
郷土の伝統と文化の尊重, 郷土を愛する態度						
我が国の伝統と文化の尊重, 国を愛する態度					B㉖「日本人として」D㉑「さよなら、ホストファミリー」	
国際理解, 国際親善　[外国人]	A⑮「ぼくとシャオミン」B㉛「いってみたいな、せかいのくにへ」C㉙「せかいのあいさつ」D㉛「せかいのこどもたち」E⑫「オリンピック・パラリンピック」E⑲「学校へいくとき」E付録①「せかいじゅうの子供たちが」F⑱「となりのジェニーちゃん」G㉕「せかいが一つに」H㉗「エマさんのこたえあわせ」	A⑬「三つの国」B⑮「カンボジアから来た転校生」C㉘「いつかオーストラリアへ」D㉗「マサラップ」E⑮「同じ小学校でも」F⑥「アメリカから来たサラさん」F㉘「メッセージ」G㉝「青い目のお友だち」H㉟「海をわたるランドセル」	A⑰「折り紙大使」A㉛「同じ空の下で」B㉓「ブータンに日本の農業を」C㉗「ブータンに日本の農業を（西岡京治）」C㉘「青い目の人形」D㉗「小さな国際親善大使」E㉕「ペルーは泣いている」E㉞「マインツからの便り」F⑲「太平洋のかけ橋新渡戸稲造」G㉟「明日をひらく橋―西岡京治―」H⑨「いっしょに何をしようかな」			
	A⑨「ひろいせかいのたくさんの人たちと」B⑬「かえるのおり紙」C㉙「大切な国旗と国歌」D㉚「日本のお米、せかいのお米」	A㉚「世界の小学生」B⑨「歯がぬけたら」C㉔「世界の子供たちのために」D㉖「わたしの大切なもの」E⑧「海をこえて」	A⑧「白旗の少女」A⑬「エンザロ村のかまど」B⑯「エルトゥールル号のきせき」B⑲「ペルーは泣いている」C⑲「心つながり、笑顔ひ			

	内容項目	小学1，2年	小学3，4年	小学5，6年	中学1年	中学2年	中学3年
外国人	国際理解，国際貢献	E⑫「タヒチからの友だち」 E付録③「ハンナのなみだ」 F⑤「青いアルバム」 F⑮「行ってみたいな」 F㉖「せかいのなかまと石川佳純」 G㉗「せかいはつながっている」 H⑬「オリンピックとパラリンピックのはた」 H㉓「ジョゼくんと　おりがみ」	E付録②「いろいろな食べ方」 F⑰「国のちがいをこえて」 F㉗「アメリカとの出会いジョン万次郎のぼうけん」 G⑳「李さんのおひさまスープ」 H㉝「さくらのかけ橋」	ろがり、世界へはばたく」 D㉗「ブータンに日本の農業を」 D㉚「エルトゥールル号——友好の始まり」 E⑨「東京オリンピック国旗にこめられた思い」 E㉖「エルトゥールル号—日本とトルコのつながり—」 F⑫「米作りがアフリカを救う」 G㉚「太平洋の橋になりたい―新渡戸稲造―」 H㉓「フーバーさん」 A㉖「日本から来たおばさん」 B⑲「私は、『おもてなし親善大使』」 B㉚「大人たちの都合で無数の子供の命が」 C㉑「歴史を変えた決断」 D㉔「異文化の人々と共に生きる」 E⑪「花火に込めた平和への願い」 E⑲「違いを乗り越えて」 F⑬「真の国際人　嘉納治五郎」 F㉟「エルトゥールル号の遭難」 G㉓「国際協力ってどういうこと？」 I⑱「大地-八田與一の夢」	A⑲「六千人の命のビザ」 B⑫「僕にとっての東京オリンピック」 B㉛「希望のビザ」 C⑰「六千人の命のビザ」 C㉗「海と空～樫野の人々～」 D㉓「アンネのバラ」 E⑩「海と空―樫野の人々―」 E㉘「ダショー・ニシオカ」 G㉝「最も悲しむべきことは、病めることでも貧しいことでもなく」 I⑱「白菊」	A㉙「その子の世界、私の世界」・「そのこ」 A㉞「命見つめて」 B⑫「真の国際人　― 嘉納治五郎 ―」 B㉜「平和への架け橋」 C④「平和への願い」 C㉓「あふれる愛」 D㉕「希望の義足」 E⑩「命のトランジットビザ」 F④「国際協力師　山本敏晴」 F㉔「足元からできること」 F㉞「杉原千畝の選択」 G㉘「海と空―樫野の人々―」 I⑱(1)「ぼくの留学体験記」 I⑱(2)「海と空」

	内容項目	小学1, 2年	小学3, 4年	小学5, 6年	中学1年	中学2年	中学3年
外国人	生命の尊さ		G㉘「人間愛の金メダル」		E⑳「あふれる愛」		E⑪「エリカ―奇跡のいのち―」
	自然愛護						
	感動, 畏敬の念						
	よりよく生きる喜び			A㉓「義足の聖火ランナー」			E㉝「世界を動かした美」
HIV感染者・ハンセン病患者等	善悪の判断, 自律, 自由と責任						
	正直, 誠実						
	自主, 自律, 自由と責任						
	節度, 節制						
	個性の伸長						
	向上心, 個性の伸長						
	希望と勇気, 努力と強い意志						
	希望と勇気, 克己と強い意志						
	真理の探究						
	真理の探究, 創造						
	親切, 思いやり						
	感謝						
	思いやり, 感謝						
	礼儀						
	友情, 信頼						
	相互理解, 寛容						
	規則の尊重						
	遵法精神, 公徳心						
	公正, 公平, 社会正義			D㉛「だれもが幸せになれる社会を」 L⑧「私の人生の宝物」			K⑧「未来への虹―ぼくのおじさんは、ハンセン病―」 T⑧「未来への虹―ぼくのおじさんは、ハンセン病―」
	勤労、公共の精神						
	社会参画, 公共の精神						
	勤労						

内容項目	小学1，2年	小学3，4年	小学5，6年	中学1年	中学2年	中学3年
家族愛，家庭生活の充実						
よりよい学校生活，集団生活の充実						
伝統と文化の尊重，国や郷土を愛する態度						
郷土の伝統と文化の尊重，郷土を愛する態度						
我が国の伝統と文化の尊重，国を愛する態度						
国際理解，国際親善						
国際理解，国際貢献						
生命の尊さ						
自然愛護						
感動，畏敬の念						
よりよく生きる喜び						
善悪の判断，自律，自由と責任						
正直，誠実						
自主，自律，自由と責任						
節度，節制						
個性の伸長						
向上心，個性の伸長						
希望と勇気，努力と強い意志						
希望と勇気，克己と強い意志						
真理の探究						
真理の探究，創造						
親切，思いやり						
感謝						
思いやり，感謝						
礼儀						
友情，信頼						

（左端の縦項目）HIV感染者・ハンセン病患者者等／刑を終えて出所した人

	内容項目	小学1，2年	小学3，4年	小学5，6年	中学1年	中学2年	中学3年
刑を終えて出所した人	相互理解，寛容						
	規則の尊重						
	遵法精神，公徳心						
	公正，公平，社会正義						
	勤労、公共の精神						
	社会参画，公共の精神						
	勤労						
	家族愛，家庭生活の充実						
	よりよい学校生活，集団生活の充実						
	伝統と文化の尊重，国や郷土を愛する態度						
	郷土の伝統と文化の尊重，郷土を愛する態度						
	我が国の伝統と文化の尊重，国を愛する態度						
	国際理解，国際親善						
	国際理解，国際貢献						
	生命の尊さ						
	自然愛護						
	感動，畏敬の念						
	よりよく生きる喜び					F㉙「償い」	C㉘「償い」
犯罪被害者等	善悪の判断，自律，自由と責任						
	正直，誠実						
	自主，自律，自由と責任						
	節度，節制						
	個性の伸長						
	向上心，個性の伸長						
	希望と勇気，努力と強い意志						

	内容項目	小学1, 2年	小学3, 4年	小学5, 6年	中学1年	中学2年	中学3年
	希望と勇気，克己と強い意志						
	真理の探究						
	真理の探究，創造						
	親切，思いやり						
	感謝						
	思いやり，感謝				L⑨「私たちにできること」T⑨「私たちにできること」		
	礼儀						
	友情，信頼						
	相互理解，寛容						
	規則の尊重						
	遵法精神，公徳心						C⑲「死刑制度を考える」
	公正，公平，社会正義						
	勤労、公共の精神						
犯罪被害者等	社会参画，公共の精神						
	勤労						
	家族愛，家庭生活の充実			K⑨「お弁当」S⑨「お弁当」		Q⑨「兄の声が聞こえる」W⑨「兄の声が聞こえる」	
	よりよい学校生活，集団生活の充実						
	伝統と文化の尊重，国や郷土を愛する態度						
	郷土の伝統と文化の尊重，郷土を愛する態度						
	我が国の伝統と文化の尊重，国を愛する態度						
	国際理解，国際親善						
	国際理解，国際貢献						
	生命の尊さ						
	自然愛護						
	感動，畏敬の念						

内容項目	小学1, 2年	小学3, 4年	小学5, 6年	中学1年	中学2年	中学3年
よりよく生きる喜び						
善悪の判断, 自律, 自由と責任	G㉒「けいじばんのらくがき」	G㉓「きよしのなやみ」 H㉘「うわさ話・つらい気もち」	B⑰「うばわれた自由」 F㉛「おもしろければいいの」 G⑰「だれも知らないニュース」			
	B㉜「こくばんといちょうの木」 D③「つのがついたかいじゅう」 F㉞「みんなのニュースがかり」 H㉖「おかあさんとのやくそく」	F㉘「カマキリ」	B⑰「私の知らないところで」 B㉞「羊飼いの指輪」 D㉘「気に入らなかった写真」 E③「ほんとうのことだけど……」 F㉔「会話のゆくえ」 G⑨「自由だからこそ」			
正直, 誠実	A適宜㉟「いたずらがき」 C⑦「くまさんのおちゃかい」 E⑭「ひつじかいのこども」		C⑨「参考にするだけなら」 E⑮「のりづけされた詩」			
			F⑰「のりづけされた詩」			
自主, 自律, 自由と責任				B③「博史のブログ」 C⑤「自分で決める」 F⑭「ネット将棋」 G㉔「ネット将棋」	B⑬「ネット将棋」 D㉔「『許せないよね』」 E⑥「五月の風—カナ—」 E⑬「ネット将棋」	A⑤(1)「ある日の午後から」 B①「言葉の向こうに」 G⑭「ピヨ子」
節度, 節制		B㉛「良太のるすばん」 C②「おそろしいゲームいぞん」 D②「やめられない」	B⑦「たんていのつもりが……」	F⑰「日曜日の朝に」	C⑮「SNSとどうつき合う?」 D②「夢中になるのは悪いこと?」 I②「ネット将棋」	C③「歩きスマホをどうするか」 E⑭「ある朝のできごと」 F㉓「便利なスマホ使い方次第で」
	C⑨「教えていいのかな」	A適宜㊱「けいたい電話の落としあな」 B⑰「少しだけなら」 C⑨「守りたい自分のじょうほう」 G⑭「少しだけなら」	A適宜㊱「けいたい電話とのつきあい方」 C⑧「食事中のメール」 E⑫「カスミと携帯電話」 E㉓「自分を守る力って?」			

インターネットによる人権侵害

	内容項目	小学1, 2年	小学3, 4年	小学5, 6年	中学1年	中学2年	中学3年
				G④「達也の転校」H⑱「本当にだいじょうぶ?」			
	個性の伸長						
	向上心, 個性の伸長						
	希望と勇気, 努力と強い意志	B㉞「だいじょうぶ、キミならできる!」					
	希望と勇気, 克己と強い意志						
	真理の探究						
	真理の探究, 創造						
	親切, 思いやり			G㉑「ちゃんとやれよ、健太」			
	感謝						
	思いやり, 感謝						
インターネットによる人権侵害	礼儀	E⑲「たけしの電話」	C⑪「かわいくない」	D⑦「あいさつって」		B⑪「一枚の葉書」G②「いつでも・どこでも・誰とでも」	
	友情, 信頼		B⑭「絵葉書と切手」H⑪「ゲームのやくそく」	C⑦「知らない間のできごと」E㉚「知らない間のできごと」	A⑪「短文投稿サイトに友達の悪口を書くと」E⑥「近くにいた友」	A⑥「ゴール」C㉖「本当の友達って」E⑦「五月の風―ミカ―」	A㉑「合格通知」B⑰「鏡の中の私」I⑧(1)「一通のメッセージから始まる物語」
	相互理解, 寛容		D⑰「つまらなかった」	E㉙「すれちがい」H㉜「約束」	D⑦「私の話を聞いてね」D⑭「言葉の向こうに」G㉝「言葉の向こうに」	F⑳「言葉の向こうに」I⑨(3)「言葉の向こうに」	E⑮「言葉の向こうに」
	規則の尊重	B⑲「まねっこ」D⑰「みんながつかう ばしょだから」F㉕「みっちゃんのやくそく」H㉔「ルールがないとどうなるの?―スマホやゲームをつかうとき―」	A㊱「それは、だれの作ひん」C㉔「新聞係」E⑪「ちゃんと使えたのに」F㉛「家のパソコンで」	A適宜㊱「これも、チェーンメール」N⑩「画面の向こう側にいるあなたへ」			

<table>
<tr><td></td><td>内容項目</td><td>小学1，2年</td><td>小学3，4年</td><td>小学5，6年</td><td>中学1年</td><td>中学2年</td><td>中学3年</td></tr>
<tr><td rowspan="19">インターネットによる人権侵害</td><td rowspan="2">遵法精神，公徳心</td><td></td><td></td><td>C㉖「情報について考えよう」</td><td></td><td></td><td></td></tr>
<tr><td></td><td></td><td></td><td>C⑮「ルールとマナー」
E⑰「使っても大丈夫?」</td><td></td><td>B②「誰が本当の作者?」
D⑰「闇の中の炎」
F⑧「インターネットと共に」</td></tr>
<tr><td>公正，公平，社会正義</td><td></td><td></td><td>C⑳「だれかをきずつける機械ではない」</td><td>F④「うわさで決めるの?」
I⑪(3)「グループ」</td><td>G⑨「君、想像したことある?」</td><td></td></tr>
<tr><td>勤労，公共の精神</td><td>G⑥「みんなのニュースがかり」</td><td></td><td></td><td></td><td></td><td></td></tr>
<tr><td>社会参画，公共の精神</td><td></td><td></td><td></td><td></td><td></td><td></td></tr>
<tr><td>勤労</td><td></td><td></td><td></td><td></td><td></td><td></td></tr>
<tr><td>家族愛，家庭生活の充実</td><td>E㉗「おばあちゃんお元気ですか」</td><td></td><td></td><td></td><td></td><td></td></tr>
<tr><td>よりよい学校生活，集団生活の充実</td><td></td><td>E㉔「交かんメール」</td><td></td><td></td><td></td><td></td></tr>
<tr><td>伝統と文化の尊重，国や郷土を愛する態度</td><td></td><td></td><td></td><td></td><td></td><td></td></tr>
<tr><td>郷土の伝統と文化の尊重，郷土を愛する態度</td><td></td><td></td><td></td><td></td><td></td><td></td></tr>
<tr><td>我が国の伝統と文化の尊重，国を愛する態度</td><td></td><td></td><td></td><td></td><td></td><td></td></tr>
<tr><td>国際理解，国際親善</td><td></td><td></td><td></td><td></td><td></td><td></td></tr>
<tr><td>国際理解，国際貢献</td><td></td><td></td><td></td><td></td><td></td><td></td></tr>
<tr><td>生命の尊さ</td><td>A適宜㊱「いのちはいくつもあるのかな」</td><td></td><td></td><td></td><td></td><td></td></tr>
<tr><td>自然愛護</td><td></td><td></td><td></td><td></td><td></td><td></td></tr>
<tr><td>感動，畏敬の念</td><td></td><td></td><td></td><td></td><td></td><td></td></tr>
<tr><td>よりよく生きる喜び</td><td></td><td></td><td></td><td></td><td></td><td></td></tr>
<tr><td>善悪の判断，自律，自由と責任</td><td></td><td></td><td></td><td></td><td></td><td></td></tr>
</table>

北朝鮮当局による拉致問題等	内容項目	小学1，2年	小学3，4年	小学5，6年	中学1年	中学2年	中学3年
	正直，誠実						
	自主，自律，自由と責任						
	節度，節制						
	個性の伸長						
	向上心，個性の伸長						
	希望と勇気，努力と強い意志						
	希望と勇気，克己と強い意志						
	真理の探究						
	真理の探究，創造						
	親切，思いやり						
	感謝						
	思いやり，感謝						
	礼儀						
	友情，信頼						
	相互理解，寛容						
	規則の尊重						
	遵法精神，公徳心						
	公正，公平，社会正義						
	勤労、公共の精神						
	社会参画，公共の精神						
	勤労						
	家族愛，家庭生活の充実			T⑪「めぐみ」 W⑪「めぐみ」		X⑪「めぐみ」	O⑩「めぐみ」 S⑪「めぐみ」
	よりよい学校生活，集団生活の充実						
	伝統と文化の尊重，国や郷土を愛する態度						
	郷土の伝統と文化の尊重，郷土を愛する態度						
	我が国の伝統と文化の尊重，国を愛する態度						

	内容項目	小学1, 2年	小学3, 4年	小学5, 6年	中学1年	中学2年	中学3年
北朝鮮当局による拉致問題等	国際理解, 国際親善						
	国際理解, 国際貢献						
	生命の尊さ						
	自然愛護						
	感動, 畏敬の念						
	よりよく生きる喜び						
その他	善悪の判断, 自律, 自由と責任						
	正直, 誠実						
	自主, 自律, 自由と責任						
	節度, 節制						
	個性の伸長						
	向上心, 個性の伸長						
	希望と勇気, 努力と強い意志						
	希望と勇気, 克己と強い意志						
	真理の探究						
	真理の探究, 創造						
	親切, 思いやり						
	感謝						
	思いやり, 感謝						
	礼儀						
	友情, 信頼						
	相互理解, 寛容			X⑭「ぼくの友達」		I⑨(1)「だから歌い続ける」(LGBT)	W⑭「『同じじゃない』から…。」
	規則の尊重						
	遵法精神, 公徳心						
	公正, 公平, 社会正義			W⑯「まるでウイルスみたいに…。」 V⑮「だれかのそばで on the other side」(路上生活者)		B㉘「自分らしい多様な生き方を共に実現させるためにできること」(LGBT) P⑩「だれかのそばで on the other side」(路上生活者)	B⑦「豊かなれ阿賀の流れよ―新潟水俣病の苦悩をこえて―」 C㉛「それでも僕は桃を買う」

内容項目	小学1，2年	小学3，4年	小学5，6年	中学1年	中学2年	中学3年
					X⑮「だれかのそばで on the other side」（路上生活者）	
勤労，公共の精神						
社会参画，公共の精神					I⑫(2)「秀明の初ボランティア」（ホームレスの人権）	
勤労						
家族愛，家庭生活の充実						
よりよい学校生活，集団生活の充実						
伝統と文化の尊重，国や郷土を愛する態度						
郷土の伝統と文化の尊重，郷土を愛する態度						
我が国の伝統と文化の尊重，国を愛する態度						
国際理解，国際親善						
国際理解，国際貢献						
生命の尊さ						
自然愛護						
感動，畏敬の念						
よりよく生きる喜び						

その他

あ と が き

　本書は、学校教育の実践の場に埋め込まれている人権教育と道徳科の接合点を帰納的に探究することを通して、双方が連動していく手掛かりを実践的な観点から論述したものである。なお、本書の内容は筆者が 2015 年から 2023年までに日本教育実践学会、日本学校教育学会、日本道徳教育学会の研究大会などで人権教育や道徳教育に関して発表した内容に加筆・削除・修正を加え、総合的に再構成したものである。本書のもとになった諸論文等の初出を年代順に記しておきたい。

①　河野辺貴則「参加型人権学習『ランキング』の授業分析研究 ― 人権教育を通じて育てたい資質・能力の構成要素に焦点をあてて ―」、『教育実践学研究』、19-1、1-13 頁、日本教育実践学会、2017 年。

②　河野辺貴則「小学校 1 年生における参加型人権学習の学習成果に関する一考察 ― 人権教育を通じて育てたい資質・能力の構成要素の抽出を通して ―」、『学校教育研究』34 号、日本学校教育学会、174-187 頁、2019年。

③　河野辺貴則「人権教育と道徳教育の関連性に関する分析的研究 ― 人権課題に関わる道徳教科書教材に着目して ―」、『教育実践学研究』21-1、1-16 頁、日本教育実践学会、2020 年。

④　河野辺貴則「人権教育と道徳教育の関連性に関する授業分析研究 ― ハンセン病問題を題材にした道徳授業記録に焦点をあてて ―」、四国大学紀要人文・社会科学編　第 56 号、73-84 頁、2021 年。

⑤　河野辺貴則「人権課題を題材にした道徳教材開発に関する基礎的研究 ― 内容項目の傾向と特色に着目して ―」四国大学学際融合研究所、『保育・教育臨床研究』2 号、20-30 頁、2023 年。

⑥　河野辺貴則「人権課題を題材にした道徳教材並びに授業実践に関する分

析的研究 — 人権教育と道徳科の接合点を手がかりに — 」日本道徳教育学会、『道徳と教育』342 号、3-14 頁、2023 年。

　人権尊重の理念を実現することや道徳科を推進していく重要性は、初等中等教育において共通認識されているものの、双方の連動に関する具体的な教材や授業実践に関する知見は蓄積の過程にあることから、双方の接合点を意識した授業実践が重要な役割を担っている。

　アリストテレスが人間の行為は繰り返し行う「習慣」が重要であることを説いているように、人権教育と道徳科の連動は一過性による教育実践に留めるのではなく、継続的に取り組むことによってその成果を発揮することを目指し続けることが肝要である。すなわち、学校教育の実践の場において、双方の連動を継続的に図っていく役割を担っている授業実践は重要であり、その授業実践を計画的に展開する教師は欠せない存在である。そして、人権教育の実践について学ぶ機会を求めて学び続ける教師や、その輪を広げるための教育関係者の営みは社会の根底を支えているといえよう。

　本書では、こうした営みを支援するために、人権教育と道徳科の関係性について建設的な議論を展開できるように心がけ、双方の連動に関する知見の構築を目指してきた。そして、本研究は学校教育の実践の場で教育活動を実践する教職員の皆様や保護者の方々のご理解とご協力に支えられることで、授業実践を実施する機会を得ることができた。授業を通して研鑽した誇りを胸に刻みながら、皆々様のご支援とご協力にこの場を借りて心より深謝申し上げたい。

　なお、本書の内容は、上越教育大学大学院と兵庫教育大学大学院連合学校教育学研究科で蓄積してきた研究成果が基盤となっている。恩師である梅野正信先生（学習院大学）と釜田聡先生（上越教育大学）には、本研究を前に進めるために理論的かつ実践的な観点からご指導を賜った。修士課程ならびに博士課程での多大なご指導やご助言を賜ったことに対して、改めて御礼申し上げたい。

　また、本書の上梓に向けて支援してくださった谷川裕稔先生（四国大学・四国大学短期大学部）や、本書の刊行にご理解をお示しいただいた、大学教育出

版の皆様にも深謝申し上げたい。とくに、本書の編集を担当してくださった佐藤守氏には、本書を世に送り出すために尽力していただいた。重ねて御礼申し上げたい。最後に、教職の道に進むための基盤を整えてくれた両親や、いつも近くで支えてくれる家族の皆にも感謝の意を表したい。

　本書が、人権教育と道徳科の連動を前に進めるための一助になることができれば、誠に幸いである。

付記
　本書は、令和5年度四国大学学術研究助成の交付を受けて刊行するものである。

　令和5年　葉月

河野辺　貴則

■著者紹介

河野辺 貴則 （かわのべ　たかのり）

四国大学・四国大学短期大学部 講師。博士（学校教育学）。
兵庫教育大学大学院連合学校教育学研究科博士課程修了。
東京都主任教諭を経て、2020 年 4 月より現職。

主な受賞歴として、「第 16 回 東京新聞教育賞」、「第 63 回 読売教育賞優
秀賞（社会科教育）」、「第 11 回 辰野千壽教育賞 優秀賞」、「第 5 回 日本教
育実践学会 優秀教員賞」、「第 3 回 日本教育実践学会 学会賞」等がある。

人権教育と道徳科の接合点
― 人権課題を題材にした道徳授業の展開 ―

2023 年 8 月 30 日　初版第 1 刷発行

■著　　者──────河野辺貴則
■発 行 者──────佐藤　守
■発 行 所──────株式会社 **大学教育出版**
　　　　　　　　〒700-0953　岡山市南区西市 855-4
　　　　　　　　電話（086）244-1268　FAX（086）246-0294
■印刷製本──────サンコー印刷 ㈱

ISBN978-4-86692-260-7